民间规范价值论

李杰·著

本书系石佑启教授作为首席专家主持的2016年度国家社会科学基金重大项目《民间规范与地方立法研究》（编号16ZDA069）的部分成果

民间规范与地方立法研究丛书

石佑启 总主编

法律出版社
LAW PRESS·CHINA

“民间规范与地方立法研究丛书”总序

随着法治建设的不断推进，民间规范与地方立法这两个主题词逐渐进入法学研究的视野。如果说国家法治建设是一幅宏伟画卷的话，这种从中央立法到地方立法、从正式立法到民间规范的视线转移，正体现了我国法治事业从宏观建构转向微观调整，从轮廓勾勒转向内容细描，彰显法治中国正在不断走向完善。在这样的背景下，将地方立法与民间规范这两个主题词联系起来，既是国家法治建设的要求，也是二者自身不断发展、走向成熟的必然结果。

从地方立法方面看，自1979年的《地方各级人民代表大会和地方各级人民政府组织法》赋予了地方立法权以来，地方立法就成为法治建设中的重要命题之一。2000年《立法法》出台，再次对地方性法规和地方政府规章的制定作出了规定。2015年《立法法》修订，将地方立法权赋予了设区的市，2018年《宪法修正案》通过，增加规定了设区的市的立法权，为设区的市立法工作提供了宪法依据。截至2018年年底，我国地方立法主体共有353个，包括31个省（自治区、直辖市），288个设区的市，30个自治州，4个未设区的地级市。地方立法主体的增加一方面能够促进地方法治发展，另一方面也能够为国家立法提供有益借鉴，但是也面临着如何激发各地进一步探索具有地方特色、符合地方实际需求的地方立法体制机制问题。以彰显地方特色和地方需求为导向，将地方立法与地方经济社会发展实践结合起来，与当地文化传统结合起来，需要从基层社会实践中寻找立法的资源，充分利用民间规范这一“源头活水”正是解决当前普遍存在的地方立法沿袭、重复中央立法问题的突破口。地方立法吸收民间规范是充分利用好国家赋予的地方立法权，开拓地方立法的独特空间，充分展现地方特色的重要途径。

从民间规范方面看，学者们在二十世纪九十年代就开始关注民间规范，指出民间规范的存在，描述其存在方式，并试图构建发展和完善民间规范的途径，为现代社会的多元治理奠定了理论基础。在近几年的国家重大战略部署中，民间规范均作为社会治理的重要力量被提及，十八届三中全会《中共中央关于全面深化改革若干重大问题的决定》中提出“鼓励和支持社会各方面参与，实现政府治理和社会自我调节、居民自治良性互动”。其中，社会自我调节离不开民间规范作用的发挥。十八届四中全会《中共中央关于全面推进依法治国若干重大问题的决定》继续强调要“深化基层组织和部门、行业依法治理，支持各类社会主体自我约束、自我管理。发挥市民公约、乡规民约、行业规章、团体章程等社会规范在社会治理中的积极作用”。这一表述将民间规范提升到了一个重要的地位，说明了民间规范对于国家治理体系和治理能力现代化的重要意义。习近平总书记在十八届四中全会第二次全体会议上强调，“加快完善法律、行政法规、地方性法规体系，完善包括市民公约、乡规民约、行业规章、团体章程在内的社会规范体系，为全面推进依法治国提供基本遵循”。更加明确地阐明了民间规范在社会治理体系中的重要地位。民间规范的繁荣，能够促进社会多元参与、释放社会活力，而多元参与的前提是有规可依，只有民间规范与国家法律法规体系实现融合发展,才能助推法治社会的建设。对民间规范规制的阙如,往往无法形成积极有效的多元参与,反而有可能造成混乱。只有形成国家法律法规体系与民间规范良性互动,才有助于实现国家治理的现代化。而民间规范与国家法律运行体系最佳结合点就是地方立法,因为民间规范发挥作用的空间主要是基层社会,地方立法更接近基层社会,所以更能及时发现、吸收、规制民间规范。

民间规范与地方立法结合具有重要的理论和现实意义,那么二者应当如何结合呢?这就成为我们必须回答的问题。在我看来,这一问题的解决起码要从四个方面展开。第一,要研究二者的基本范畴。"正名"是所有学问的开端,民间规范与地方立法研究首先要从基本范畴开始。在当下研究中,人们从很多视角对民间规范进行了解释,但是从地方立法角度如何看待和定义民间规范尚未有详细论述;同时,从民间规范与地方立法结合的角度看,地方立法的基本范畴也需要重新理解。第二,要明确二者结合的内在机理。必须从理论基础上分析,在哲学层面寻找二者结合的哲学根据,在社会学层面从社会调查中分析二者结合的现实可行性,从法学层面在规范形式上对二者结合的规范路径进行分析。第三,要研究促进二者融合发展的理论路径,地方立法与民间规范本质上是彼此分离和独立运行的规范体系,那么地方立法如何吸收、规制民间规范?民间规范又如何充实、丰富地方立法?这些问题都需要进一步探索。第四,要研究应对具体实践需求的有效策略。民间规范在诸多领域中发挥着自己的功用,例如,社区民间规范、行业民间规范、商事民间规范等,地方立法与这些民间规范结合需要根据它们各自的特点,结合具体实践,提出具体明确的立法策略。通过对民间规范与地方立法的全面充分的研究才能真正将二者的正能量发挥出来，为法治中国建设添砖加瓦。

出版这套丛书目的正在于回应法治建设的需求，解决民间规范与地方立法结合这一重大理论问题。一方面，致力于展示出当代学人对这一理论问题的深刻思考，将诸多角度的分析融合在一起，形成学术争鸣的局面和氛围；另一方面，将不同研究方法、研究视角形成的著作结合在一起，形成一套系统的理论成果，为法治实践提供指导。期望这套丛书能够完成自己的使命，为法学理论研究、国家法治建设作出应该有的贡献。

是为序。

石佑启

2019 年 11 月

目　　录

前言　为什么要研究民间规范价值?

民间规范这一范畴是20世纪90年代被提出的,经过了近三十年的发展,正在逐渐汇聚成为一个研究潮流。学者的引领是民间规范研究发展迅猛的原因,更深层次的原因是法治建设发展到新的阶段后对民间规范在理论上和实践中提出了要求。在实践中,国家法对法治建设的规则供应不足,急需民间规范作为补充货源来保障秩序公共产品的供应;在理论上,改变法学研究仅仅是"西方法学理论的中国表达"的局面,需要源自本体法治实践的更具深度和厚度、更大解释力的理论支撑。可以说,移植和简单模仿造成的"幼稚法学"的尴尬和"中国法学向何处去"的焦虑引起的法学学术界的反思催生和推动了民间规范的研究。因此,90年代以来,尤其是进入新世纪以来,民间规范研究获得了前所未有的繁荣,首先,在数量上呈现出惊人的增长,以民间规范为主题的刊物、专栏不断刊出。以"民间规范"为主题词在知网上进行搜索,2000年之前的论文数量为个位数,2004年达到了25篇,2012年已经达到184篇,这尚未包括习惯法、民族法、非正式规范等与民间规范相关领域的成果,但是从趋势上看也已经显示出了民间规范研究的蓬勃发展势头。其次,在内容上民间规范研究几乎涵盖了法学的全部领域,在学科上涉及了法教义学、法社会学、法人类学、法经济学等交叉学科;在法的调整对象涉及了公法、私法、社会法等方面;在法的运行上涵盖了立法、司法、执法各个方面;在法的部门上,对民法、刑法、行政法、诉讼法、宪法、金融法等部门法的民间规范研究逐渐深入,相应作品不断出现。不仅在理论上,法律实践中民间规范的运用也得到了呼应。最高人民法院设立了重点调研课题"民俗习惯的司法适用",各省法院积极开展针对民间习惯的案例资料整理和研究,如江苏省高级人民法院进行了对民间规范的调查,江苏省泰州市中级人民法院通过了《关于民事审判运用善良习俗的若干意见(试行)》,广东省高级人民法院与中山大学法学院共同进行了民俗习惯的调查,并且共同发表了《民俗习惯在我国审判中运用的调查报告》,其他省市类似调查也相继出现。

那么在形式和内容上都获得蓬勃发展的民间规范研究是否解决了当初面临的问题呢?民间规范是否促使了法学从"奉行西方在中国的理路"的状态发展到新阶段——"中国法学学人以熔冶外域的法学成果及其方法为工具,以本土法制建设所面临的问题为依据,构建中国法学"——的境地呢?回答恐怕是否定的,我们看到多数研究仍然针对的是作为"替代纠纷解决机制"的民间规范,作为"地方性知识"的民间规范,作为"事实替代"的民间规范。那么民间规范是否具有价值层面的分析的可能呢?对于这一问题,很多人的回答是否定的。至少在笔者与几位民间规范研究阵营的学者的交流中,回答是否定的。民间规范源自社会经验的印象导致了人们已经习惯了民间规范"必须而且始终是社会的"这一普遍存在的观念。首先,价值具有应然属性,而民间规范是一种强调实然属性的规则。而所谓"事实"与"价值"二分的思维指导下,对民间规范的观察限于事实视角。因此,民间规范在价值层面分析是不必要的。其次,价值分析意味着对终极性、一般性问题的研究,而民间规范的产生基于多元文化,与主流社会法律相异、具有地方特色是民间规范的本质,所谓"十里不同风,百里不同俗",不同民族之间的民间规范差异更是显著,因此,民间规范是多元的,不具备价值分析的基础,民间规范研究无法从价值分析角度切入。最后,价值分析是追求确定性的,而民间规范是变化演进的。法的价值是法的终极理想,在一定时间空间内必须是确定的,法律价值具有终极性、一般性、确定性,是整体的法的理想。而民间规范却具有流动性的特点，由于其生于民间，成于沟通，当时空变化时，随时可以调整规范形态，所谓“活法”之所以“活”，就是其流动性，古往今来的“移风易俗”都是这种流动性的展现，这种流动性决定了民间规范在价值层面上无法进行分析。

但是，必须追问的是：是否因为多元就可以忽视民间规范价值？是否可以因为零散就忽视民间规范价值？是否可以因为流动就忽视民间规范价值？笔者对以上问题的回答是否定的。“仅止步于对特定空间民间法、交往惯习的描述演绎，这就会使民间法所可能具有的其他作用被遮蔽，进而也不可能认识到民间法所具有的超越性意义——迈向一般法理学的深度研究”，[1]若仅仅从事实视角阐释民间规范，重视相应规则的发现阐释，“过分强调民间规范研究的叙事功能，而忽视在叙事基础上的理论提升和逻辑归结，则仍停留在故事基础上”。[2]民间规范研究的理论意义不仅仅在于它可以在功能层面上解决实践问题，而且在于它可以发现并说明民间规范中体现的中国人真正“活法”中真正的价值追求。

因此，虽然民间规范研究中实证方法广泛应用，相应的成果也层出不穷，但是将目光停留于农村少数民族等地方性的行为规范、传统习惯的描述中无疑会遮蔽民间规范研究的广阔视野。其中，民间规范价值的研究是被忽略的核心问题，正因为如此，民间规范研究的目光大部分仍然停留于“老少边穷”的角落中，始终处于立法者视野的边缘，始终仅作为权宜之计的“非台面化”技术性工具。当然，必须强调：这里并不是否定这样的研究进路，而是要强调这样的研究进路需要更多的补充。

本书认为，民间规范价值是存在的。从民间规范秩序构建的角度来看，民间规范在构建秩序时必然体现价值追求。任何社会秩序，尤其是民间自发形成的秩序中，都包含价值因素。“人类的记忆，尤

---

〔1〕 陈斌：《民间法话语反思及其功能拓展》，载《福建行政学院学报》2015年第4期。
〔2〕 谢晖：《不能忽视民间法的理论提升》，载《检察日报》2014年9月23日，第3版。

其是和秩序相关的文化记忆，不仅仅是一种要记住往事的流水账册，而且是一种意义保留和传递行为"，[1]阿斯曼在对古文字"公正"的研究中发现将人凝聚在一起的是"象征意义体系"，公认的价值就是凝结社会、形成秩序的凝结点。这说明了文明发展中的文化记忆传承不仅仅是经验的传承，而且是价值的传承。从民间规范的规范属性来看，社会规范的形成必须包含道德正当，民间规范在作为一定社会群体范围的共同行为依据出现时必然要体现行为者的情感和意志。"普遍的社会规范的形成必然伴随着自身的正当性的成长。"[2]换言之，任何规范都是包含有价值要素的，人们在构成秩序时的理性共识必然表达了其价值共识，没有价值表达就不可能出现行动上的一致，不可能形成规范和秩序，缺乏价值要素的规范是不可能存在的。从民间规范的权利属性上看，民间规范承载和表达的是习惯权利，而习惯权利必然在一定程度上表达着价值追求，这种权利中蕴含的价值追求不同于法定权利中被设定的价值追求，是以独特文化背景为基础的价值追求，"所谓人权不是诞生在政治家、法学家或者哲学家的笔下或者口头，诞生在他们笔下或者口头的仅仅是有关人权的理论或理念"。[3]换言之，权利的内涵是社会群体赋予的，是社会群体的价值追求的体现，而不是政治家、法学家或者哲学家设定的。权利在不同的时间空间中会有不同的价值内涵，具有某种形态或者某种内涵的权利背后一定有一个特定的空间范围作为依据，一旦扩大或者缩小这样的空间范围，特定形态或者特定内涵的权利就难以成立，因此，民间规范所确立的习惯权利中具有民间规范的价值。而且习惯权利在发展成为法定权利时，会将其中的价值追求带入法律中。

以上从秩序、规范和权利视角分析了民间规范价值的存在，是从

---

〔1〕 谢晖：《民间法的视野》，法律出版社 2016 年版，第 119 页。

〔2〕 魏治勋：《民间法思维》，中国政法大学出版社 2010 年版，第 203 页。

〔3〕 谢晖：《民间规范与人权保障》，载《求是学刊》2004 年第 6 期。

法学角度的分析，那么抛开法学研究的范式，将民间规范作为一种人类创造的知识来看，仅从知识属性角度来看，民间规范是否具有价值内涵呢？从民间规范的知识属性上看，民间规范往往首先是以行为的方式表达出来，然后根据行为方式来文字化，行为方式是一种默会的方式，它是否具有价值层面的意义呢？格里门指出：默会知识不仅与成文化的知识有同等的地位，而且在发生学上在人类知识体系中具有根源性和优先性，默会性知识承载的不仅仅是人的行为事实，而且承载着行为者的情感、意志。魏治勋在对山东地区“哭堂”的观察与分析中指出：事实性的民间规范具有语境化、个性化和颇具微妙性，真正的理解必须“对乡村社会的伦理文化氛围、婆媳关系状况以及即时的哭堂仪式情境等要素有较好的理解和把握……哭堂行为细节的学习模仿很大程度上是难以用语言描述的，而这些细节在乡土伦理中却恰恰具有真正的重要性”，〔1〕默会知识不仅仅是“老辈子做法”的延续，还是社群中独特价值追求的表达。不能因为从司法者外部视角观察而忽视了参与者视角的观察，从内部视角观察，民间规范价值才是民间规范真正存在的根基，价值才是凝聚人心、塑造民间规范秩序的根基。

这是从民间规范的知识属性角度对民间规范价值存在作出的说明。但是我们还可以走得更远。若我们将视野扩展到更大的时间和空间，民间规范是作为社会经验出现的还是作为价值载体出现的？这里仅仅举几个例子就可以说明这一问题。法国民法典的编纂毫无疑问是对民间规范持否定态度的，民间规范仅仅作为社会经验不能与理性的神圣相提并论，因此在法典公布后，旋即规定“自现今法律适用之日起，罗马法规、国王敕令、一般习惯和地方习惯均失去一般法律和专门法律的效力”。〔2〕但是，这一表象掩盖了民间规范作为

---

〔1〕 魏治勋：《事实的规范力量——论事实性民间法及其法律方法意义》，载《山东大学学报》（哲学社会科学版）2009年第3期。

〔2〕 此处的习惯是具有权利义务规定性的规则，实际上就是习惯法，具体而言是民间习惯法。

民法典关键元素的事实，造成了诸多的误解。事实上，民间习惯在法国民法典编纂中是核心内容，“民法典之所以能够在极短的四个月的时间内制定出来，习惯法之所以能被有效的整合进民法典中，与法国历史上一直持续不断地进行习惯法收录、汇编、整理以及有关习惯法的‘普通法’和习惯法的法典化研究不无关系”，[1]法国民法典编纂之前的习惯法汇编可谓多种多样、形形色色，既有法学家私人编纂的《博韦习惯法》《诺曼底习惯法》《巴黎习惯法》等，也有法院组织编纂的《巴列门习惯法》，还有国王组织的经由议会审查的习惯法汇编。杜穆林、多马、波蒂埃等法学家将习惯法融入了民法典中，[2]作为法国民法典之父的波蒂埃“只不过把杜穆林曾用拙劣的拉丁文表述过的东西，不时用优雅的法语表达出来而已”。[3]也正是基于这样的原因，托克维尔才会发出这样的感慨：“在那里我发现了活生生的旧制度……旧制度有大量法律和政治习惯……在几年后重又出现”，[4]据此，学者提出：“法典受习惯法的影响大于受罗马法的影响；即使是罗马法也是习惯法，只不过是古罗马人的习惯法，而不是法国人的习惯法而已。因此，在最本质、最宽泛意义——习惯的精神层面而不是制度层面——上，法国民法典可以说是习惯法的结晶，是近现代制定法时代结出的一个‘异果’。”[5]法的价值通过制定法律条文、构造法律秩序来体现，既然如此，我们可以得到一个基本的推论：在法典中关于市场交易、家庭伦理等的核心内容中必然都吸收了法国习惯法中的价值追求。规则体系中融入了启蒙时代理性精神的

---

〔1〕 张洪涛：《使法治运转起来》，法律出版社 2010 年版，第 94 页。

〔2〕 “杜穆林以及他无数的追随者不仅致力于习惯法编纂以及此后的习惯法‘改革’，同时也耗费了无数的时间试图将各不相同的习惯法统一为一个整体的文本或将习惯法与罗马法同化，这一最初几近无望的努力最终证明为是可行的，他们的努力产生了统一的法典”，参见陈颐：《立法主权与近代国家的建构》，法律出版社 2008 年版，第 51 页。

〔3〕 [日]大木雅夫：《比较法》，范愉译，法律出版社 1999 年版，第 168 页。

〔4〕 [法]托克维尔：《旧制度与大革命》，冯棠译，商务印书馆 1992 年版，第 31～32 页。

〔5〕 张洪涛：《使法治运转起来》，法律出版社 2010 年版，第 97 页。

同时也融入了习惯法的价值，这才是法国民法典编纂的本相。

其实，可以再举更多例子。英国法律体系的核心内容是习惯法，在英国法的形成中通过对习惯法的吸收“使非职业者参与司法程序，推动了民众价值和情感的输入，不仅使司法产品合法化，而且也使法律制度本身合法化”[1]；参与德国民法典的编纂的法学家温德沙伊德、罗特等都受到了萨维尼的影响，而萨维尼正是强调民族精神、强调从民族的独特实践中寻找法律，其中最为重要的就是以民族自身核心价值来指引法律规则的构建，而不是不假思索的全面移植。这些重大事实都说明了一个问题，那就是民间规范不仅仅是技术性的工具性的规则，还是价值的载体，是所谓国家法价值的内涵来源。

以上的讨论可以说明所谓“民间规范不具有价值意义，无法对民间规范价值层面加以发掘”的观点存在根本的缺陷，是站不住脚的。但是这些观点却被广泛认同、被不断重复以至于形成了民间规范价值研究难以成立的思维定式。其原因何在？笔者在此可以尝试做出解析。在笔者看来，三个方面的原因共同导致了误解的发生。首先，民间规范的知识属性。民间规范作为一种事实出现，研究者多半是从外部观察民间规范，作为一种社会事实来观察，而民间规范自身带有明显的事实属性。默会知识的属性是一种以行为构造的规则，缺乏格式化的正式语言形式，相当大的一部分民间规范是以行为习惯的方式存在，口语形式事实上也是一种人的行为，没有文字形式表达，就导致了对其描述成为了首要任务。而这一前提性研究就成为了民间规范研究的重心。这是民间规范源自民间、起于经验的本质特点决定的，而对民间规范的研究在起步阶段就必然要从描述开始，研究民间规范就必须首先将其作为事实，尽量减少主观臆断，加之民间规范零碎而广泛，对其进行事实描述的工作难以穷尽，这就导致了民间规范研究重视事实的现状，民间规范蕴含的价值内涵就被

---

[1] [美]埃尔曼：《比较法律文化》，贺卫方等译，清华大学出版社 2002 年版，第 165 ~ 166 页。

有意无意地忽视了。其次,学术上的路径依赖。当一种学术路径成为主流时,后继者就被传统所裹挟,具备了路径依赖所需要的种种因素。经济技术史研究者 David 最早分析了路径依赖的三大成因:技术相关性、成本不可逆、报酬递增。民间规范研究的"事实"研究路径具有理论上的合理性,是关键性的前提性的研究,即具有技术相关性;学者的时间精力投入具有沉没成本——不可逆的性质,即投入之后是不可挽回的;进行民间规范"事实"层面的研究是报酬递增的。一方面,就研究路径本身而言,这一研究路径被采用的越多,使用它们获得的经验越多,它们被改进的越多,进而被采用的越多;另一方面,对于研究者来说,跟随研究主流能够以最低的成本更快地获得更多学术上的收益,而这一研究路径越是流行,人们越是相信它会进一步流行,实现自我增强的良性循环。当人们对一种学术路径形成路径依赖后,其他学术路径就会被"锁定"在被忽视的状态下,难以获得认同。因此,民间规范价值的探索就成为被忽视的对象。国家法以"强制性变迁"为主要途径推动法治进程,民间规范始终处于被修正、被批判的角色和地位中,整体而言,民间规范研究在法治建设中始终处于边缘位置,民间规范价值话语处于被压迫的地位,这也形成了对民间规范价值的忽视的背景性因素,民间规范被忽视,民间规范价值更不待说了。

但是,如前文所述,民间规范价值不仅存在,而且是民间规范的核心,我们必须超越事实性研究的阶段,更深入的分析民间规范的价值内涵,我们必须从事实性研究的路径依赖中走出来,从新的不可或缺的路径——民间规范价值路径来探索和充实民间规范研究,我们必须从"强制性变迁"迈向"自发性变迁",不仅观察借鉴国外法治框架,还要用民间规范价值来充实国家法治精神的内涵。因此,民间规范价值研究必须获得重视,通过民间规范价值促进民间规范研究的理论提升,为国家法治价值内涵提升提供国内资源,促进法治进一步发展,这不仅仅是学术路径的创新,更是国家法治建设的需要。

第一章　绪　　论

第一节　前提概念——民间规范的概念分析

当前研究中有关民间规范的定义的讨论已经很多,对其内涵的说明也有多样。但是,诚如学者所言:“学者们对同一概念所作的界定越多,人们对这些概念的理解就越模糊、越混乱。”[1]一方面,民间规范概念本身具有模糊性、复杂性;另一方面,民间规范概念的定义的表述多种多样,从规范法学、法社会学、法人类学等角度作出的定义各不相同。民间规范价值的研究也必须从概念界定出发,确立概念的含义,或者说确立对民间规范理解和解释的视角,才能展开进一步的分析。本书对民间规范概念的定义是从规范分析角度展开,因此本节通过辨析民间规范与其他相关概念的规范性差异来揭示民间规范的内涵和独特性,也为本书的论述奠定基础。

一、民间规范与习惯、习俗、惯例习惯法的区别

民间规范与习惯、习俗、习惯法是不同的事物,有不同的特点,[2]

---

〔1〕 魏治勋:《民间法思维》,中国政法大学出版社2010年版,第183页。

〔2〕 如汤普森所言,“‘习惯’一词用来涵盖现在用‘文化’一词,涵盖的众多内容……是包含形形色色信息源的水塘,书面的口头的、高级的从属的、乡村的城市的信息资源来往穿梭……是一个笨重的词汇,它把如此多的属性纳入一个平常的包裹,实际上混淆了或掩饰了应该在它们之间加以辨别的东西,我们需要仔细地打开这个包裹,更加仔

但它们又是具有“家族相似性”的概念，用韦伯的话说就是“法律、习惯和惯例属于同一个连续统一体，即他们之间的演变难以察觉”[1]。因此，在这里将这几个概念一并予以说明。

从个人角度看，习惯是人的本性本能，从社会角度看，习惯是社会性的行为规范。张洪涛、魏治勋、厉尽国等都曾分析习惯、惯例、习俗的区别，虽有差异，但是基本的区分标准是一致的，那就是以公共性区分个人习惯和社会习惯，以权利义务规定性区分一般社会习惯和习惯法、以国家权威区分习惯法和国家法。其中，张洪涛的分类框架依据韦伯习惯向国家法演进的顺序列出，更具有可分析性，因此，以张洪涛的分析框架为基础展开分析。张洪涛认为，习惯到国家法的演进过程是个人习惯（本性—习性）——社会习惯（习俗—惯例—习惯法）——国家法（国家认可法—国家制定法）。[2]必须说明的是，这里将这一“连续统一体”进行了类型化处理，但是正如韦伯所说，纯粹的类型是不存在的，类型的划分只是研究的需要，在实际生活中很可能是混沌不分的，界限不明的，但是在这里我们可以借助这样的划分模式作为工具展开与民间规范的对比分析，以确定民间规范的范围。

首先，个人习惯不属于民间规范。个人习惯没有与他人的交往行为作基础，不具备民间规范的基本特征。正如霍贝尔指出的“如果认为原始社会中的制陶技术、钻木取火术、训练小孩大小便的方法等习惯是法律，那是荒唐的主张”。其次，社会习惯中的不具有强制力的习俗、惯例不属于民间规范。在不同的场合穿着不同的服装，赠送结婚礼物等习惯属于社会习惯，但是不具有权利义务规定性，不属

细的考察期成分：仪式、具有象征性的风尚、霸主权的文化属性、历史特别的劳动形式社会关系中习惯的传递和习惯的代际演化”。参见［英］汤普森：《共有的习惯》，沈汉等译，上海人民出版社 2002 年版，第 2 ~ 11 页。

〔1〕［德］韦伯：《论经济与社会中的法律》，张乃根译，中国大百科全书出版社 1998 年版，第 20 页。

〔2〕参见张洪涛：《使法治运转起来》，法律出版社 2010 年版，第 68 ~ 69 页。

于民间规范的范围。再次，当习惯演化为具有权利义务规定性的习惯法时，是否就一定成为民间规范了呢？不一定。因为习惯法并非仅仅产生于民间，习惯法的根源是个人，此处必须注意，个人也可能是执行公务的个人，当在公权力事务中形成习惯法时，属于"官方习惯法"〔1〕"国家习惯法"。前者如广泛存在的行政惯例，后者如各国在国家事务中形成的宪法惯例，民间规范不包含这些内容，而仅仅包含民间习惯法。最后，当民间习惯法被制定法直接吸收成为国家法后，就不再是民间规范了，其获得国家权威支持后其效力来源就不再是人与人之间的互相同意，而是国家强制力，此处要注意吸收只是认可的一种，〔2〕以任意性规范认可的民间习惯法其效力根基仍然在个人合意，仍然属于民间规范。综上所述，个人习惯、不具权利义务规定性的社会风俗习惯、官方习惯法、国家习惯法、吸收入正式立法的习惯法都不是民间规范，都不在本书论述范围内。

以上分析已经说明习惯法与民间规范的重大区别。民间规范并非习惯法，二者的关系应当是一种有交集而不重合的关系。民间规范不包含以上习惯法，同时习惯法也难以容纳民间规范的全部内容。

二、民间规范与社会规范的区别

社会规范是一个涵盖力极强的范畴，从学术研究的分析来看，对社会起到规范作用的规则都可以称为社会规范。就此看来，民间规范与社会规范是被包含的关系。但是在我们的日常话语习惯中，社会规范被赋予了独特的含义，即社会规范是非正式规范。例如，在一些政策性文件中我们也可以明显地看到，社会规范是指法律、法规、

---

〔1〕 纪建文曾经提出"官方民间法"的概念，这一概念描述了存在的事实，但是其表述方式带有明显的逻辑背反，笔者认为与其说"官方民间法"，不如说"官方习惯法"，更为贴切。而根据这一论述，习惯法可以分为"民间习惯法"和"官方习惯法"，民间规范只包含民间习惯法而不包含官方习惯法。但是，虽有此区别，但为了表述方便，本书中未作特殊说明的"习惯法"一词，均指民间习惯法。参见纪建文：《微服私访：作为一种社会控制的官方民间法》，载《山东大学学报》（哲学社会科学版）2005 年第 2 期。

〔2〕 参见李杰：《论民事立法对民事习惯的复杂认可》，载《求是学刊》2017 年第 3 期。

规章等公权力规范性文件之外的行为规范，十八届四中全会《中共中央关于全面推进依法治国若干重大问题的决定》中就有"发挥市民公约、乡规民约、行业规章、团体章程等社会规范在社会治理中的积极作用"的表述，凸显了社会规范中自治性、民间性的那部分。如果说政治性文件中的表述是因为其内容具有政治修辞的特点而这样表述的话，那么学术话语中则基于一般的话语习惯而形成了类似的表述——在一些研究中，例如，范愉教授就将民间规范称为"民间社会规范"，将社会规范定义为"事实的法秩序的一部分，相当于法社会学的'非正式的法'或者'活法'，是对事实上的权利义务的确认"。[1]但是，这种表述可能造成人们认识上的偏移，将民间规范与社会规范等同起来，而这就触及了本书的研究范围，在此必予以说明，避免概念混淆。

社会规范包含了民间规范和其他社会规范，其他社会规范不具备民间规范的基本内涵，不属于民间规范的范畴，也不在本书研究范围之内。可以排除的起码包含以下几种社会规范：

1. 官方性社会规范。社会规范应当分为官方社会规范和民间社会规范。其效力来源不同，民间社会规范是来自于民间主体交往行为，而官方社会社会规范是来自于官方的社会秩序要求。社会规范一词的含义，未经国家机关程序的规范，但是之所以出现这样的规范，并不是民间自治的结果，而是官方机关基于立法成本和效率考虑而采取的特殊方式。这必须予以区别。

2. 技术性社会规范。"技术也以社会规范的面目出现在实际生活世界，直接、强制地规定和控制人们的行为。"[2]但是，这样的社会规范并没有以人的交往为基础，也不是以人的同意为效力来源，因此，技术社会规范不属于民间规范的范围。在某些情况下，通过政府部门来颁布相应的技术性社会规范，例如网络规范等。《社会治安

---

〔1〕 范愉：《试论民间社会规范与国家的统一适用》，载《民间法》2002 年第 1 期。

〔2〕 罗莉：《作为社会规范的技术与法律的协调》，载《中国社会科学》2006 年第 1 期。

综合治理基础数据规范》这一国家标准就属上例。

3. 道德倡导性社会规范。道德倡导性社会规范，如各种宣言书，文明公约等，其具有官方宣传属性，本质上是国家法价值的表述，而且仅仅是抽象的号召，不具有权利义务规定性，不具有法的规范性。

三、民间规范与软法的区别

软法范式的研究解释了中国非政府组织规范，促进了善治理念，多元治理的推进。将原先被边缘化的非国家规范拉到视野中来。民间规范与软法具有形式上的类似，因此，被学者认为两者具有互通性，大体上，软法应该是横跨于硬法律和民间规范之间的，相当于社会学指称的"中间地带"或者"灰色区域"。

但是，这样的判断并不准确。软法与民间规范在精神实质上存在差异。软法是一种"微型民主立法"，即是现代法治在某个微型范围内的运用，根本上追求的是形式主义法治价值，对道德等非规范性规则是持排斥态度的。这一点在软法学者的软法范畴论证中被反复强调，如罗豪才先生在《软法与公共治理》中强调"软法是制定的，习惯是养成的""软法是行为规则具有外在约束力道德首先是社会意识形态，其次才是社会规则，约束力靠内在""软法因区别于道德、习惯、法理与行政命令"，[1]"软法应当将道德、习惯、命令、传统、理念等排斥掉"，[2]"软法的规则性、外在的约束力以及由一定认人类共同体制定并认可的特征使其区别于道德习惯法理政策行政命令"，[3]并因此排斥民间规范的行为规则属性，"软法属于规章制度，民间规范属于行为规则""民间规范是从法社会学、法人类学视角来省视的"，[4]正是这种规范性的特点说明了软法实际上是追求通过不具有国家强制力的规范进一步实现形式主义法治的。这也

---

[1] 罗豪才：《软法与公共治理》，北京大学出版社2006年版，第85~108页。

[2] 魏清沂：《软法：形式软法与实质软法》，载《广西大学学报》2012年第6期。

[3] 黄学贤、黄睿嘉：《软法研究现状问题趋势》，载《公法研究》2012年第1期。

[4] 强昌文：《公共性：理解软法之关键》，载《法学》2016年第1期。

正是为什么会有学者指出“硬法是纲，软法是目，唯有纲举，才能目张”〔1〕。

因此其在价值论上与国家法的一致性，“只有将法治原则、法治精神嵌入软法的创制与实施过程中，才有可能全面提高软法的理性程度”。〔2〕这是与民间规范在价值内涵方面的差异，这种差异是根本性的，其“软法和民间规范具有文化同构性”的判断是错误的，因此，不存在所谓“民间规范向软法转化”“软法构成民间规范与硬法律之间的缓冲地带”，其指出的关于姜堰法院吸收民间规范作为《会议纪要》等例子中，司法机关对民间规范的认可只是民间规范进入司法的辅助措施，其并没有改变民间规范的精神价值实质，民间规范并没有因此而变成国家法之“纲”下的“目”，而是以自己的独特价值在修正国家法，这种吸收是“国家法与民间规范相互型塑的过程”，将这种过程视为“民间规范转化为软法”，无疑是只看到了形式没有发现精神实质而做出的误判。而这种误判就会引发更多误解，导致民间规范研究的混乱。因此软法与民间规范的区分是精神价值层面的，某种程度上是无法“耦合”的。

内涵是指概念所反映对象的本质属性，从概念内涵来看，民间规范与软法的根本区别在于正当性基础的不同。软法的正当性源自协商合作，而民间规范的正当性基础源自地方或群体内部的文化、传统，这就决定了二者的本质属性差异。

基于内涵的差异，外延也就有了不同。软法的正当性源自协商合作，其外延就以协商合作为主要特点，包含了比较广泛的内容，这里需要指出的是与民间规范外延存在差异的部分，政府间区域合作协议，政府发展纲要、部分党规党纪等都是民间规范无法包含的。同样的，民间规范的正当性源自地方或群体的传统、文化，其外延包含了很多内容，但是其中一部分是软法所不具有的，例如，基于一定文

〔1〕 黄学贤、黄睿嘉：《软法研究现状问题趋势》，载《公法研究》2012 年第 1 期。
〔2〕 罗豪才、宋功德：《认真对待软法》，载《中国法学》2006 年第 2 期。

化背景的具有强制性的制裁性民间规范,如刑事民间规范、民间纠纷解决规范,往往以一定惩罚手段来维护民间规范秩序,而这是软法所不具有的。

以上分析足以说明民间法与软法的不同。但是,需要说明的是以上分析并不意味着笔者缺乏软法研究价值的清醒意识,软法研究与民间规范研究各自解释社会规范中的一部分,二者由于内涵的本质差异而各自有自身独特意义,但是,二者都是多元主义法治的理论资源,在实践中,往往会发生重合,例如,在行业协会的章程的构建中,构建者尊重当地的民间规范,构成了二者一定程度上的重合。但是二者的关系并非模糊不清的,而是界限分明同时又紧密合作的关系。一方面,民间规范与软法在外延差异的部分各自发挥着作用,例如,政府间协议发挥着区域政府间协调的作用,而基层社会中民间规范维持着基层社会秩序,在这里的软法和民间规范是各司其职,相对分离的。另一方面,民间规范与软法二者在外延重合的领域二者可以进行合作,共同构建法治社会。(1)民间规范可以为软法提供规则渊源。已经有学者论述了民间规范向软法转化问题,其关键就在于软法的民主协商本质形成了极大的包容性,具有制度事实性质的民间规范成为协商中的因素,通过民主的方式成为软法的内容。同时,民间规范也为软法提供了价值来源,将民间规范中的传统文化价值带入软法中。而通过这种带入,软法就可以借助民间规范的本土资源背景来保障其运作的可接受性,保障其实施的效果。(2)软法为民间规范提供了借鉴的模本。在城市中,普遍存在的企业章程等软法为新型村规民约提供范本,可以说为民间规范提供了借鉴和学习的对象,促进民间规范的合理化,也促进其正式化和标准化,例如,上海市合庆镇的村规民约以“自治章程”的方式表现出来,吸收了软法的民主的精神。[1]在农村中,村规民约吸收软法的协商民主精

〔1〕 参见李瑜青、张玲:《民间法在国际大都市社会治理中的运用及其思考——以上海市浦东新区合庆镇“草根宪法”实践为例》,载《民间法》(第17卷)2016年第1期。

神，私力救济、惩罚性内容的减少，将惩罚性内容转向国家司法机关。例如，锦屏县魁胆村村规民约中规定“对殴打他人的，应赔偿误工费、医药费等，情节严重的，提请司法机关依法处理”，[1]这是民间规范对现代法治的尊重，也是对软法的民主价值的吸收。

第二节 文献综述

民间规范价值在法学研究中处于被忽视的状态，即便是民间规范领域的相关研究中关于民间规范价值的研究也不多见，往往散落在以民间规范的文化背景、规范内容等研究主题为内容的论文中，但仍有必要进行分类综述。

首先，从法学研究的宏观角度分析。目前，国内有关法价值的研究往往以正式的国家法为基础展开分析，法价值的概念、体系、标准、实现都是以国家法的价值为起点展开的。卓泽渊认为“法价值是法与人的关系为基础的，法对人具有的意义，是法对人的需要的满足，是人关于法的绝对超越指向”。[2]周文华认为，法价值“就是法对社会主体生存和发展所具有的意义和作用，具体来说，法价值作为客体的法对作为主体的人的需要目的与能力的满足与适应”。[3]杨震认为，“法价值是用来表达人与法之间的关系的概念，是法律客观属性与人的主观需求互动的结果，法价值就是法律的客观属性”。[4]这些论述都以国家法为中心展开。卓泽渊在论述法的价值的含义中时曾经指出“法的外延比法律更为广泛，它除了包括制度状态的法外，还包括观念状态的法和社会状态的法”，[5]理论上将包括民间规范在内

[1] 徐晓光：《原生的法》，中国政法大学出版社 2010 年版，第 264 页。
[2] 卓泽渊：《法的价值总论》，中国社会科学院 1999 年博士学位论文，第 20 页。
[3] 周文华：《法的正义价值及其实现》，中国社会科学院 2003 年博士学位论文，第 10 页。
[4] 杨震：《法价值哲学导论》，黑龙江大学 2000 年博士学位论文，第 19 页。
[5] 卓泽渊：《法的价值总论》，中国社会科学院 1999 年博士学位论文，第 20 页。

的多元规范形式纳入了法价值研究的范畴，但是，在之后对法的价值的系统论述中，他仍然是以国家法为中心展开的。以法的价值实现为例，卓泽渊对价值实现的四个条件都是围绕国家法展开的，“法律制度具有良好的法的价值设定、法律解释应收良好的法价值指导，执法官员具有良好的法价值修养，执法官员能做出正确的价值选择，社会民众具有普遍的价值认同”，〔1〕价值实现过程的核心就是国家法，国家法律是法价值的载体，法价值的实现围绕国家法律进行。他在其他方面的价值研究中都隐含了以国家法为前提，也就忽视了观念状态的法和社会状态的法，实际上也就忽视了民间规范在法价值研究中的重要意义。进入 21 世纪之后，有关法价值的论述深入到了部门法领域，笔者在知网上以“法价值”为主题词进行搜索结果可以看出法理学层面的价值研究在 20 世纪 90 年代尚为学术焦点，进而 2000 年之后，人们对法学价值论的研究就逐渐转向部门法。如西南政法大学陶政的博士论文《商法价值研究》(2008)、山东大学穆红的博士论文《经济法价值研究》(2007)等，但是这些研究也都以国家法为主要论述对象，很少涉及民间规范价值构建的内容。

其次，民间规范研究中的民间规范价值研究。综合来看，相关论述可以分为四类。

第一类是从文化分析的角度将民间规范的价值描述为传统价值观念为基础的礼法价值，如刘旺洪分析指出民间规范是自生自发的、地域性行业性的、成文或不成文的、道德人伦的规则，因此从价值取向上看，国家法代表的更多的是一种社会进步的理想和目标，而民间规范是一种念旧怀古的价值理想，因此民间规范价值取向上看注重道德和人伦的礼法秩序。〔2〕冉瑞燕通过民谚分析了习惯法的生成和价值，通过对个人行为规范、婚恋行为规范、亲族行为规范、社会交往行为规范、经济交往规范五个方面的民间谚语分析，指出民间规范

〔1〕 卓泽渊：《法的价值总论》，中国社会科学院 1999 年博士学位论文，第 121 ~ 133 页。
〔2〕 参见刘旺洪：《论民间法及其与国家法的关系》，载《江海学刊》2007 年第 4 期。

核心价值是“情”“理”“和”。[1]高长江指出所谓小传统、民间文化等都是社会建设需要发现的重要资源。中国民间信仰是民间价值观的表达，是民间规范形成的基础。[2]许章润指出，价值构建必须传承文明品格和内在义理、汉语表意工具、吸纳新元素、神俗一体、家国天下的精神。其价值申论以俗常与超越一体，体现了通情达理的法律理性和天理、人情、国法三位一体的运思方式。“不假上帝之手或者类似的超验存在，却诉诸世道人心——世道人心之至极至尽就是天道天理，直接以人生伦常及其历史正当性来检验人间是非，由此推导出正义观念，构成了此种价值申论方式的重要特征。”[3]吕廷君在《民间司法的“情理法”》中对民间司法的价值追求作了分析。在民间司法中“讲理”是关键，是一个充分运用“情理”“道理”“法理”“天理”并把握“讲理”的时间和分寸的过程。通过情理法追求和谐是民间司法的基本路径，而情为先，其次是理，最后才是法。[4]喻中分析法价值时也指出我们必须向世界解释中国，构建秩序的逻辑起点、价值目标、实现途径，其核心就是中国传统的秩序观——以和谐为核心的自然秩序观。其逻辑起点不是个人而是“场域”，核心价值不是自由而是和谐，实现路径不是外控（控制权力）而是内省（由己及人）。因此二者在对人类与世界的指示也不一样，自由秩序单位是国家，和谐秩序单位是天下；自由秩序依靠利益暴力，和谐秩序依靠人格道义。而自由秩序可以整合纳入和谐秩序中，和谐秩序是对自由秩序的超越。[5]

---

〔1〕 参见冉瑞燕：《清江流域公民行为习惯法研究——以民谚为视角》，载《中南民族大学学报》（人文社会科学版）2012 年第 1 期。

〔2〕 “作为一种以原始宗教万物有灵信仰为文化基础，以中国传统的儒释道文化和民间神秘文化为文化背景，以敬天祭祖和圣贤崇拜为文化意象，以禳灾求利和平安幸福为文化理想的民间宗教，与中国传统文化的‘和’旨‘和’趣是相通相融的。”参见高长江：《民间信仰：和谐社会的文化资本》，载《世界宗教研究》2010 年第 3 期。

〔3〕 许章润：《汉语法学论纲》，载《清华大学学报》（社会科学版）2015 年第 5 期。

〔4〕 参见吕廷君：《民间司法的“情、理、法”》，载《民间法》2013 年第 1 期。

〔5〕 参见喻中：《再论法治的价值》，载《山东警察学院学报》2008 年第 6 期。

第二类是用普适的法价值解释民间规范价值，刘颖在《民间规范存在的社会基础》中分析了公平正义自由是普适价值，也是民间规范的价值。[1]吕廷君指出消极价值是民间规范的主要价值内涵。陈文华从规范法学的视角对民间规则的效力进行了分析，指出所有类型的民间规范都是人类自愿选择的结果，所以，民间规范是民主型法。[2]吕廷君在《社会自治的民间规范资源》中指出了消极自由是民间规范的基础，也是民间规范的核心价值。[3]"社会自治需要社会权力为基础，而民间规范既以社会权力为基础，又以社会权力为依归，二者共生共长的结果促成了社会自治的实现，社会自治的实现则从根本上为社会成员营造了一个确获保障的消极自由空间。"[4]王新生则指出，"尽管民间规范排除了国家利益和国家的强制干预，但并不排除共同体利益和共同体力量的干预""习惯性规范体系中的私益规范和公益规范之间的界限并不明显"，[5]公共秩序价值也是民间规范的核心价值。高其才、罗昶在对《大瑶山团结公约》的研究中指出了1951年由石牌制转化而来的团结公约体现了自治、民主、平等、安定的精神，保持了瑶族固有习惯法的精神价值，也吸收了民主协商等现代法价值。其由内部生成、充分协商、竖立石牌公布，内容主要是农业生产、林业生产等方面。[6]

第三类则从社会学分析的角度将民间规范价值论述为"具体的正义"，这些研究对民间规范的价值作了初步的总结，为民间规范的理论提升开辟了新的思路。曹正汉、史晋川(2008)指出民间社会的"理"在对政府行为进行约束，实际上参与构建了社会秩序，促进了经济发展。在中山市的滩涂治理中，"沙骨权""投资者收益"的"理"实践中限制

---

[1] 参见刘颖：《民间法存在的社会基础》，载《学海》2009年第3期。

[2] 参见陈文华：《论民间规则的效力》，载《甘肃政法学院学报》2010年第1期。

[3] 参见吕廷君：《社会自治的民间法资源》，载《甘肃政法学院学报》2006年第2期。

[4] 吕廷君：《论民间法的社会权力基础》，载《求是学刊》2005年第5期。

[5] 王新生：《习惯性规范研究》，中国政法大学出版社2010年版，第255～256页。

[6] 参见高其才、罗昶：《尊重与吸纳：民族自治地方立法中的固有习惯法——以〈大瑶山团结公约〉订立为考察对象》，载《清华法学》2012年第2期。

了政府的行为，当然“理”是从“情”中产生的，情理往往相连，所以“理”也是有弹性的，同时“理”也是“力”支持的，人多势众往往是“理”被重视的原因。栗峥在《乡土纠纷解决的路径选择与正义表达》中指出农村中国家法律与伦理秩序共同发挥作用。“生存结构是个体或家庭在社会交往中所拥有的可以维系持续发展的资源总和以及对掌握资源的心理认同程度。”包括利益格局、权力资源、人情面子等，对这类结构形成的纠纷村民会竭尽全力甚至以命抗争，“真正发生于本土资源与生存结构之上的村民的正义观应当是对长远利益与纠纷利益的统筹兼顾，估计关系网络的有效维系，顾及生存结构的有益拓展，体现出对未来生存境遇的全民考量和整体权衡，这是一种朴素的正义观，是‘生于斯长于斯’的村民每天必须面对的价值，它与外来的现代司法正义观具有某种天然的不兼容性，这种‘大一统’式的‘整体修复’观显然超越了个案公平的‘局部治疗’，体现出背后所潜在的乡土生存格局，是独具中国特色的‘乡土正义’”。〔1〕

第四类是从规范角度分析民间规范价值。邱竹在《权威、团体和原则》中指出应当从规范性而非描述性的方式去看民间规范的正当性问题。他从规范性角度分析，民间规范的正当性源自权威、社团和原则。其中在原则层面的正当性效力来自于民间规范提供的生活方式与期望的生活方式相一致，而来自于规范生活的内心需要。〔2〕王彬指出民间规范研究有沦为“解构性学术话语”的危险，因此，必须从描述性研究向规范性研究转向。“对民间规范的文化阐释任意陷入文化相对主义和文化决定论的泥沼，在法治建设的价值选择中迷惘失措……通过对民间规范的规范分析，社会规则在外在上表现为社会成员行为的事实趋同，在内在方面则表现为通过‘应当’‘必须’等规范性表达形成的正当性承认”，〔3〕因此这也说明了在法学

〔1〕 栗峥：《乡土纠纷解决的路径选择与正义表达》，载《中外法学》2010 年第 2 期。
〔2〕 参见邱竹：《权威、团体与原则——试析民间法的效力来源》，载《民间法》2013 年第 1 期。
〔3〕 王彬：《民间法如何走进司法判决——兼论“顶盆继承案”中的法律方法》，载《民间法》2008 年第 1 期。

领域中所有事实都是主体理解的事实，任何法律都是事实与价值交织的规则体。高其才分析了农村习惯法与国家法的一致、冲突、补充三种关系。一致关系主要体现在实现秩序、调整社会关系、促进社会进步等目的和内容上。冲突关系表现在“农村习惯法赖以存在的基础、价值、规范、实施等于国家制定法有异”。[1]规范上涉及公共秩序、民事行为、刑事犯罪等方面，实施上涉及处罚方式、实施主体、责任承担方式、责任认定方式等方面，在价值上主要体现在集体与个体、特殊与普遍、具体与抽象、权利与义务、控制与保障、秩序与自由等方面。补充关系则表现在调整范围和功能上的补充。

当然，也有学者在论述中直接论述了民间规范价值。但是，事实上，这种论述中的价值往往是指民间规范的具体功能。例如，在张晓萍的博士论文中指出的“民间规范司法运用价值”，[2]其中侧重指出民间规范在规范法官自由裁量权、实现案结事了保护社会主体权益的要求等价值这种意义上的价值实际上是一种司法功能，因此，其分析止步于具体的制度层面，没有进入价值论层面进一步分析。另外，厉尽国提出了“习惯法对法治的价值”，[3]从国情角度、民意角度、法律统一角度分析了习惯法的价值，并且指出了“重视习惯法的价值，并不必然意味着法律领域的文化保守主义”“重视习惯法并不意味着对规范分析的否定”，在一定程度上说明了民间规范价值的基础性问题，但是其详细内容仍然局限于从具体的效果的层面分析，没有系统论述民间规范价值构建。

可见，在当前的前的法学研究中，民间规范是一个被忽视的法学范畴。但是，民间规范具有自己的价值体系，当前法治建设进程要求将民间规范作为法治系统的重要内容，民间规范作为与国家法并存的行为规范，都是依赖于一定叙事方式进行构建生活秩序的规范体

---

〔1〕 高其才：《试论农村习惯法与国家制定法的关系》，载《现代法学》2008 年第 3 期。

〔2〕 张晓萍：《论民间法的司法运用》，山东大学 2010 年博士学位论文，第 41 页。

〔3〕 厉尽国：《法治视野中的习惯法：理论与实践》，中国政法大学出版社 2010 年版，第 120 页。

系,在这个角度上,二者是平等的。仍然忽视民间规范的价值内涵,就会使民间规范的内在能量无法得到充分的释放。因此,民间规范价值是民间规范研究的基础和要求,必须重视民间规范价值研究,系统阐明民间规范价值的内涵、外延、生成、实现、与国家法结合等问题,这也正是本书试图回答的问题。

第三节 研 究 方 法

一、核心方法——价值实证

价值实证方法是规范分析方法的一种。在方法论意义上,"规范"一词的含义与事实相对,其指向的对象是具有确定规范形式的实在法。"凡是以法律规范为对象和中心的法律学理论,都可以被视为是规范法学的。"[1]对于本书来说,采取的是规范分析方法中的一种——价值实证方法。价值实证方法不同于价值分析方法,其分析路径不是从假设抽象概念出发,从思想到思想的分析,而更多的是将价值结构到规范当中去,从规范的语言含义、适用情境、社会实效等方面分析其价值含义,不再是纯粹的想象,而是结合人的实践行动分析,其内容不再是贤哲的孤独沉思,而是社会共同体的价值共识。[2]

---

〔1〕 魏治勋:《"规范分析"概念的分析》,载《法学论坛》2008 年第 5 期。

〔2〕 "价值实证不同于传统价值法学(如古典自然法学等)之处就在于:传统价值法学每每以某种大前提的预设为起点展开其逻辑推论,如所谓'天赋人权''生而平等''生而自由'等。从这种逻辑起点出发,进一步推论国家实在法规范如果不能和这种应然的道德规范相一致,则必然导致实在法效力的欠缺,从而价值理想为衡量实在法效力的上位存在。但这种价值究竟是什么?却每每因为价值自身缺乏实证性而流于感悟,流于对价值问题的各说其说、各是其是。价值实证方法与此不同,是在法律规范中、在判例中寻求价值因素对法律的影响,不仅要在传统价值法学的意义上进行价值问题的讨论,还要进行进一步的实证。价值实证表达着法律的合法与非法问题,在法律规范中、在判例中寻求价值因素对法律的影响。"参见谢晖:《论规范分析的三种实证方法》,载《江海学刊》2008 年第 5 期。

具体来说，价值实证方法的分析路径有以下几个方面。首先，价值内涵的归结。民间规范规则中包含着人们的价值需求，本书通过分析民间规范的规范模式来分析其价值内涵。例如，将民间规范的规范模式中"应当"的价值含义。其次，价值产生、发展的动态说明：通过对民间规范价值产生发展的动力、模式，价值实现的过程、效果的说明，阐释其理论体系。最后，价值实践的路径，如何在法治运行中获得用武之地，具体而言包括立法、司法、行政等法律运行过程。同时价值实践的过程也是价值评判的过程，通过对价值实现的分析，指出民间规范价值的不合理之处，并指出应对的方式。总之，民间规范价值是民间规范、秩序存在、发展的根基，民间规范的实证研究必然要采取价值实证的方法来研究人们对民间规范中价值理想的实践及实践的效果，来实证地说明民间规范价值的内容与意义。

二、辅助方法

（一）语言分析方法

语言分析哲学以语言为分析对象展开，是人的认识从波普尔的第一世界向第三世界〔1〕深入的结果，这是人的思维能力提高，是人摆脱"人对人的依赖""人对物的依赖"之后的对现代世界认识深化的结果，〔2〕因此，语言哲学要从语言符号视角对一切进行审视。在本书中的体现就是对大量概念的语义分析，对民间规范规则含义的语言分析，对表达民间规范价值的语言的语境分析，等等。

---

〔1〕 即对象世界（物理世界）、观念世界（心理世界）、人类心智世界。参见波普尔：《客观的知识——一个进化论的研究》，舒伟光、卓如飞等译，上海译文出版社1987年版，第114页。谢晖教授称之为客观世界、主观世界和文化世界。参见谢晖：《法哲学讲演录》，广西师范大学出版社2007年版，第12页。

〔2〕 参见孙正聿：《哲学通论》，复旦大学出版社2007年版，第260～263页。

（二）社会分析方法

社会调查是民间规范研究的主要方式，在民间规范价值研究中也不能例外。虽然对民间规范应然性层面的分析，也必须从实践出发，从中提取应然性的内容，加以分析总结。本书采用社会分析的方法主要是通过案例分析的方式，将价值问题嵌入事实之中分析，以阐释其产生发展的社会原因和社会历程。

（三）文化分析方法

将文化分析作为一种方法是梁志平首先在法律文化解释中运用的，"把应用文化解释方法的法律研究叫作法律文化"。[1]在文化分析方法看来，法律是一个文化符号系统，文化分析就是将法律置于文化符号系统中进行考察。[2]本书对民间规范价值的文化分析就是在这一意义上展开。首先，民间规范价值是一种文化现象，因此，它是人生活世界的一部分，它不但能够被用来解决问题，同时也能承载意义，与人的生活意义相关，是人的精神追求的一部分。其次，民间规范价值的研究不能以对民间规范功能作用的追求为目的，而是要探究其背后的文化渊源、文化动力，"法律文化的解释不仅仅是 interpretation，即阐发行为、事件和制度等的意义，它同时也是 explanation，即揭示事物之间的因果关系"。[3]所以，必须通过文化分析的方法来超越国家中心主义的法律观，以文化融合的视角解释民间规范价值。

---

〔1〕 梁志平：《法律的文化解释》，生活·读书·新知三联书店 1994 年版，第 4 页。

〔2〕 "把'法律文化'作为一种方法，从文化的角度看待法律，我们可以对所有的法律现象进行文化审视和文化解释，它有助于我们克服传统的法律观中将法律视为或工具性、或阶级性或规范性等'一属性'的社会现象，而赋予法律一种内涵人类价值符号、价值体现等目的意义在内的'多重性'社会文化产物，有益于深化人类对法律本质属性的认识。"参见刘作翔：《法律文化理论》，商务印书馆 2011 年版，第 71 页。

〔3〕 刘作翔：《法律文化理论》，商务印书馆 2011 年版，第 71 页。

第四节　研究目的、思路和内容

一、研究对象与研究目的

价值论不同于价值观，价值观是人的系统化的价值观念认识，是某个人或某些人对整个外在于自己的事物全面的价值方面的认识，与人生观、世界观、价值观并列，而价值论是一种论说，是哲学研究的思考系统化成果，对某一种事物的价值的全面总结抽象。所以，民间规范价值论是对民间规范价值系统化研究，是对民间规范价值的全面分析。因此本书的研究目的——即本书试图回答的问题就是如何对民间规范价值的存在和运行进行系统分析，具体来说就是民间规范价值是什么？如何形成？具体形态怎样？如何实现以及在实践中如何表现出来？总之，民间规范价值论就是对以民间规范价值的定义、特点、生成过程、实现方式为对象研究的系统论述。

二、研究思路

本书对民间规范价值分析基本路线是从内涵到外延、从静态分析到动态分析的推进。首先第一章绪论中对民间规范价值研究的背景、问题意识作了论述，并针对现有研究成果做了文献综述，并对本书基础概念——民间规范的定义和范围做了分析。在绪论基础上，本书第二章界定了民间规范价值论的含义。然后在第三章中，将民间规范价值置于历史、文化等多重理论视角下进行阐释。在第四章则对民间规范价值的多元载体形式进行了说明。这样第二、三、四章就从“内涵”和“外延”两方面对民间规范价值进行了静态说明。第五章和第六章则从动态分析的角度对民间规范价值的生成机制和实现过程进行了分析。第七章亦从动态分析角度对民间规范价值与国家法价值的结合问题进行了分析。这样全书分别从基本范畴、基本形式、动力机制、实践效果等方面进行了分析，这样就按照从内到外、从静到动、从理论到实践的顺序对民间规范价值做了基本的论述。这就是本书内容的整体逻辑脉络和研究思路。

三、研究内容

文献综述中分析了现有的民间规范价值研究，这些研究对民间规范价值做了有益的探索。但是从其中呈现出的差异性就可以看出这些仍然是研究者基于自己理论基础的推论，而不是对民间规范价值的系统认识。民间规范价值不能简单地用“情、理、法”或者“情、理、和”等概念去概括，也不能将民间规范价值简单地置于西方普适价值之下，将其直接套用到民间规范价值的论述和解释中。价值论研究并不是对多元价值形态的全部列举或者位阶列举、体系列举，李德顺曾指出价值论的任务并不在于寻求“终极价值”或者“价值实体”，而是对“存在者”和“存在方式”的说明。[1]卓泽渊对法价值的研究中也指出了“我并不认为他们之间会有抽象的、严格的等级分野或者划分。那种认为可以寻找到或者建立起法的价值的严格等级体系的想法是不切实际的幻想”。[2]陈云良在对模糊法学的研究中也曾指出了“自由之中有秩序，秩序之中有正义，正义之中有自由，他们之间不是二元对立关系，而是互相重叠、交融的关系”。[3] 因此，价值论研究的任务是价值是否存在及如何存在，而不是对价值仅仅作出静态的罗列。人们不应该再执着于对价值的抽象本质的探索和追问，这样的方式只适合于现成固定的事务，而价值质性是动态的，活的存在，它必然在人的现实活动当中生成、演变和发展，对这样的事物，我们必须转而从它的显现方式或存在方式中来把握，就像对人的本质只能从其活动方式来把握一样，因此，只要说明了价值的存

---

〔1〕 参见李德顺：《价值论——一种主体性的研究》，中国人民大学出版社 2007 年版，第 12 页。

〔2〕 卓泽渊：《法的价值总论》，中国社会科学院 1999 年博士学位论文，第 44 页。

〔3〕 陈云良、邓慧强：《法律价值的模糊性分析》，载《社会科学家》2009 年第 9 期。

在方式也就等于说明了价值的真相。[1] 在静态上说明其存在方式，在动态上说明其发展过程，即是价值论研究的基本任务。因此，本书对民间规范价值论的分析将从民间规范价值的内涵、外延、生成方式、实现方式等方面进行论述，来基本完成价值论研究的任务。当然对在不同地区不同族群的某个民间规范中蕴含的更加具体的价值需要作进一步的分析，需要结合更仔细深入的社会学、人类学考察来分别说明，研究内容规模庞大，需要更多的时间、物力成本，因此本书暂不涉及。

所以，本书研究的主要内容是：

第一章是绪论，对民间规范价值研究的背景、问题意识作了论述，并针对现有研究成果做了文献综述，并对本书基础概念——民间规范的定义和范围做了分析。

第二章是民间规范价值的内涵解释。本章从三个视角对民间规范价值进行了释义。本书从三个层面分别分析阐释民间规范价值的含义，从民间规范价值的规范载体规范词出发进行分析，通过字面语义的解释说明其基本含义然后从民间规范价值的修辞属性视角进行分析。最后，深入民间规范价值的文化结构中进行分析。这样从民间规范价值表层到深层逐步深入的分析，从内在的视角对民间规范价值形成一个大致的说明。

第三章是从多重理论视角审视民间规范价值。第一节是从历史角度进行的分析。首先从理论发展史的视角进行分析，以理性主义为轴心，结合相关理论背景分别从理性主义之前、之中、之后进行分析。然后分别从立法史、司法史的角度分析，说明了民间规范价值在法治发展史中的重要地位。第二节是从法治现代化角度分析，指出现代化与民间规范价值的深刻关联。

第四章是对民间规范价值形式的分析。民间规范价值具有多元

〔1〕 参见朱晓东：《实践价值论与价值哲学的变革》，吉林大学 2009 年博士学位论文，第 14 页。

复杂的特点,其存在具有独特的形式。本章从对"文字霸权主义"的批判入手,指出价值形式可以存在多种形式,不仅有文字,还有语言、行动等。然后分别从文字、语言、行动形式对民间规范价值的形式进行了说明。首先是民间规范价值的文字形式,这种形式一方面体现为明示的表达,即开宗明义的说明,另一方面体现为暗含的表达,即通过规范形式表达出来。其次是民间规范价值的语言形式,这里的语言指口语。包括口传、歌唱、辩论等多种形式,多存在于少数民族民间规范中。最后是民间规范价值的行动形式。人们通过行为的自然选择、对他人的行为矫正等方式表达价值观念。

第五章是对民间规范价值生成的分析。民间规范价值不是僵死的事物,而是充满活力的有机体。人权是民间规范价值生成的逻辑起点。人有自我构建秩序的能力——规范本能、利益追求、诗性思维——就必然衍生出民间规范及其价值。共同体的存在是民间规范价值生产的基础,其保持自治、保持稳定的交往模式就为民间规范价值产生提供了载体。既而分析说明民间规范价值产生的过程,首先是初步价值想象(预设),然后是稳定的价值情感,最后形成稳定、成熟的价值观念。

第六章是民间规范价值实现的分析。首先分析了价值实现的含义,说明民间规范价值实现就是一个将价值人化的过程。其次分析了民间规范价值实现的机制,记忆的本能和模仿的本能构成了民间规范价值能够不断延续并深入人心、外化于行的内在动力,民间规范权威构成了一种以外在引导为基本特点的动力机制,在内外动力的推动下促进人按照民间规范价值的标准来行为。同时,民间规范价值的实现也是一个长期的过程,首先是价值的体验,其次是价值的自我约束,最后是将价值作为评判标准去要求他人。民间规范价值还会通过国家法的运行来实现,包括在立法、司法、执法的多种运行方式中。

第七章是从国家法视野对民间规范价值的再审视,在国家法看来,对民间规范价值的尊重和吸收是不可或缺的。民间规范价值的独立性和可融合性,国家法在规范上的局限性和在政治表意上的局限性都决定了国家法价值与民间规范价值融合的必要性。同时必须明确国家法价值与民间规范价值的相处方式,一方面要明确禁止标准,避免民间规范价值畸变,另一方面要确立民间规范价值与国家法的融合机制,包括立法、司法、行政等方面的措施。

第二章　民间规范价值释义

从一个角度对某一事物的进行分析不可能是周全的。刘作翔教授在对法律文化的概念分析中指出："'法律是一种文化'这是一个判断、一个非全称命题，一个分析视角，它并不是一个归结，不是对法律本质属性的一个定义，也不是取代其他分析视角的唯一'霸权'视角……对法律的所有单项命题和判断都是一种分析视角、一种阐释，是一种'片面的深刻'，这种片面的深刻比起那种表面上看似乎周全而实则苍白无力的全称性定义来，更具有分析价值和意义，更接近与向法律本质属性的渐进"，[1]这样的分析方法不仅仅适用于法律文化，而且可以指导对其他命题的研究。必须通过多方位、多视角的阐释，才能对某个事物进行全面的认识。民间规范价值作为一个具有丰富内涵的命题，因此不是某种单一解释就可以一次性说明的，基于这样的考虑，本书从三个层面分析阐释民间规范价值，从民间规范价值的规范载体规范词出发进行分析，然后从民间规范价值的修辞属性视角进行分析。最后，民间规范价值的文化结构中进行分析。这样从民间规范价值表层到深层逐步深入的分析，从内在的视角对民间规范价值形成一个大致的说明。

---

〔1〕 刘作翔：《法律文化理论》，商务印书馆 2011 年版，第 85 页。

第一节 民间规范价值概念解析

一、民间规范价值的定义

目前理论研究对“价值”的定义大致可以分为四类,第一种是主观价值论,即认为价值是人的主观感受;第二种是客观价值论,即认为价值是对象的客观性质;第三种是关系论,即认为价值是主体与客体的关系;第四种是实践论,即认为价值是主体与客体的关系性范畴,但是这种关系必须以主体实践为基础。在哲学史角度上来说,价值关系论是反思价值主观论、价值客观论之后的成果,对二者都进行了批判和分析,是经过反思的理论,是哲学范式革命之后的成果,对“价值”的本质反映更为切实熨帖。而价值实践论吸收了价值关系论的主要内容,同时又强调了主客体关系的实践基础,是“世界对人的意义”。[1] 因此,本书认为,价值实践论较为科学地反映了价值的内涵和本质,认同价值实践论的基本判断。

在价值实践论看来,人体的内部刺激和环境对人的外部刺激必然使人产生一定的需要,在这种需要的推动下,人会为了满足需要而进行各自实践活动。而人的实践活动是主体与客体互相作用过程,“是一个人同世界的否定性的统一的活动过程……是一种超越自然的活动、改变自然的活动,把自然而然的世界变成人所要求的世界,把理想变成现实的活动”。[2] 在不断的实践过程中,“经过长期的实践和反复的感知,就在人的头脑中形成了关于客观存在、主体自身以及二者关系‘是怎么样’的事实性认识……随着人类劳动活动的进行,与人认识到客观实在与主体自身之间关系的同时,人也就认识了对象客体的功能属性与主体需要的关系,因而,人的认识也就一对客

---

〔1〕 李德顺:《价值论》,中国人民大学出版社 2013 年版,第 29 页。

〔2〕 孙正聿:《哲学:思想的前提批判》,中国社会科学出版社 2016 年版,第 65 页。

观实在和主体自身的关系认识为转折环节，从‘是怎样’的事实性认识过渡到了‘应当怎样’的价值性认识”。[1]

以价值实践论为基础，本书认为民间规范价值是民间规范主体与民间规范之间的关系性范畴，是民间规范主体在实践中形成的与民间规范之间的超越性关系，民间规范价值一方面是实践中人对民间规范“应该是什么”的超越性认识，另一方面是民间规范对人实践中“应该做什么”的超越性引领。

与本书讨论的“价值”范畴容易产生混淆的是政治经济学意义上的“价值”。本书所指的“价值”不同于政治经济学意义上的“价值”（人的劳动），而是哲学意义上的价值，即人对事物的意义的追问和追求。在近代价值理论史上，W. 配第（William Petty）首先提出了劳动决定价值的观点。斯密最先明确区分了使用价值和交换价值，马克思指出了使用价值和价值是同一商品的二因素，进一步发展了政治经济学中的这一概念。但是，在19世纪中期，哲学家洛采开始把价值作为哲学的中心概念来加以讨论，在洛采之后，文德尔班为代表的一些学者开始讲价值哲学看作一个独立的研究领域看看待，“哲学只有作为普遍有效的价值的科学才能继续存在……哲学有自己的领域，有自己关于永恒的、本身有效的那些价值问题，那些价值是一切文化职能和一切特殊生活价值的组织原则”。[2]因此，在哲学领域中价值一词就具有了与政治经济学领域中的价值的不同的含义，具有了超越性的、意义性。价值与功能也容易混淆。对于民间规范研究来说，有一些学者在论述中言及“民间规范价值”这一词语，但是，大部分仍停留在以事实性描述为基础的民间规范价值。这种“价值”实际上就是民间规范的具体功能。功能与价值的区别在于功能是某种事物在一个系统中的实际用处，“功能”指向工具性、可

---

〔1〕 袁祖社：《实践与公正——马克思的哲学价值观研究》，中国社会科学出版社2014年版，第99页。

〔2〕 [德]文德尔班：《哲学史教程》，罗达仁译，商务印书馆1997年版，第927页。

测量的后果，具有客观性。而且从系统的角度来说，功能是系统中的某一个环节与整个系统间关系的表达。这个词在社会科学中广泛应用最早是在社会学领域，斯宾塞在社会静力学中开启了结构功能主义的社会学理论，涂尔干的研究出发点也正是对社会功能的定义。而价值则是某个事物对人的积极意义，不是系统环节与系统的关系，而是系统与人的关系的表达，是一种主观的认识。目前还没有系统的论述民间规范价值的作品，目前从可获取的资料来看，民间规范价值往往被视为民间规范具有的实用功能。这种混淆与"价值"一词的汉语含义有关。从价和值分别的含义来看，价值一词可以说是一个偏正结构，即"价的值"，李渔在《闲情偶寄·声容·薰陶》说道："香皂以江南六合县出者为第一，但价值稍昂。"梁启超在《变法通议·论变法不知本原之害》说道："中人之游欧洲者，询某厂船礮之利，某厂价值之廉，购而用之，强弱之原，其在此乎？"其中的"价值"都是指的"价的值"。可见，在汉语中"价值"一词本身具有可测量的工具性的意义。因此，必须注意：由于汉语表意的习惯，偏正词组往往会被省略掉"的"，这在日常语言中较为常见，但是在学术研究中，"的"字导致的词义差异是巨大的，学者对这一问题的强调并不鲜见，[1]因此不能随意删去。也正是基于这一原因，为避免这种混淆，本书论题确定为"民间规范价值"，并在全书采用这一表述。

二、民间规范价值与"民间规范的价值"

民间规范价值是民间规范的价值目标。目前相关研究中经常出现的问题是：人们往往将"民间规范的价值"——民间规范在实践中的实用价值当作"民间规范价值"来探讨。因此，需要对"民间规范价值"与"民间规范的价值"的区别加以说明。事实上，通过说明二

---

[1] 参见徐阳春：《关于虚词"的"及其相关问题研究》，复旦大学 2003 年博士学位论文。徐阳春：《"的"字隐现的制约因素》，载《修辞学习》2003 年第 2 期。岳中奇：《"的"的有无与名词性偏正结构的语义差异》，载《河南大学学报》(社会科学版) 2002 年第 2 期。

者的差异,也可以进一步说明民间规范价值的含义。

在法学研究中,"法律价值"与"法律的价值"的区别早有论述,"法律价值是一个应然性的概念,其所指的是主体赋予法律的需求、或者主体需求的法律化——价值法律化,而法律的价值却是一个实然性的概念,是指法律中记载的价值的实然化,是客体本质的主体化——价值法律化。事实上,法律价值表现的是这一概念的定位问题,它必须表现法律价值之本质,而法律的价值则只表达法律价值的实现问题,它只在量上表现着法律价值"。[1]"法律价值(legal values)是指与法律相关的、具有法律意义的价值,是社会主体普遍价值追求的法律化,通常指法律在形式和内容上应具有的良好品质与追求目标。它是蕴含在法律中的潜在价值,而不是体现在社会生活和主体行为中的实在价值。也就是说,法律价值是应然的,而非实然的。而法律的价值(the values of law)是指法律对社会主体需要的满足状况,即有用有益性,它体现在两个方面,一是法律成为人们的价值追求对象,即价值客体,如依法治国和依法办事;二是法律在实际运行过程中对主体行为和社会生活产生的实际影响,这通常称为法律的作用。"[2]学者的分析较为精当地说明了"法律价值"与"法律的价值"的差异,而民间规范作为"多元法律"中的一部分,"民间规范价值"与"民间规范的价值"之间的区别也是同理的。"民间规范价值"是民间规范所追求理想境界的框架和轮廓,而"民间规范的价值"是指民间规范的有用有益性。对于这一问题,还可以从语义上进一步分析,"民间规范价值"是一个派生复合词,是独立语素与派生语素的组合,即民间规范作为词根,价值扮演作为词根的派生语素的角色。而"民间规范的价值"构成一个偏正短语,是两个独立词的组合,民间规范与价值分别作为独立的语素,具有独立的含义。正是通过派生语素的角色使得一般理解中的"价的值"能够直接的表达

[1] 谢晖:《法律信仰的理念与基础》,山东人民出版社 1997 年版,第 147 页。
[2] 胡平仁:《法理学》,中南大学出版社 2016 年版,第 110 页。

"超越性价值目的"的含义而不至于引起歧义。这一问题不仅仅在民间规范价值中存在,在法价值的理论中同样存在,作为研究者必须通过"法价值"的表述来说明其超越性,避免实用性含义的误解。[1]如果说直接的字面理解仍然难以区分的话,当一定的干扰因素出现的时候,二者的区别就呈现出来了,"民间规范价值"一旦删去"民间规范","价值"就会偏离原意、产生歧义,回到"价的值"含义中,而让人理解为实用性有用性。而"民间规范的价值"删去"民间规范","价值"一词作为独立语素并不会受影响,仍然表达着"价的值",不会产生歧义。

目前的民间规范研究中多数停留在"民间规范的价值"层面的研究——关注"民间规范的价值"而忽视"民间规范价值",将民间规范仅仅视为一种事实状态的行为规则,一种人们为了降低交易成本而采取的算计结果,这样的观点认为民间规范只不过是纠纷解决的权宜之计,所以民间规范仅具有工具意义上的"功能",而不具有精神意义上的"价值"。但是,事实上,"民间规范价值"是民间规范存在的根源和主要形式,民间规范价值一方面是人对民间规范"应该是什么"的超越性认识,另一方面是民间规范对人"应该做什么"的超越性引领。民间规范价值作为一种超越性引领,引导着人们构建和运用民间规范,否则,民间规范根本无法获得生命力、无法被有效实施。例如,在民间规范运用中,难免会遇到民间规范的规则漏洞,此时在弥补漏洞的过程中发挥作用的不是"民间规范的价值"而是"民间规范价值",因为此时需要的不是"民间规范的价值"实然的功用,而是"民间规范价值"的应然性指引来创制新规则,弥补漏洞。

三、自由与秩序:民间规范价值的外延

法律价值是多元的,"法律的价值即法律追求的目标和所要达

[1] 类似的还有社会学中"社会资本"一词,社会资本的偏正结构"社会的资本",即非国家的资金资本,为了避免这种误解,必须将"社会资本"作为一个词,而不能删去核心语素"社会"。

到的目的是非常多的，如有安全、和平、秩序、自由、平等、文明、公共福利和正义等。而这些价值之间并不是截然割裂的，是互相联系、互相渗透甚至是互相包容和互相从属的”。[1]有的学者认为法价值包括“秩序、公平和个人自由”，[2]有学者认为法价值“至少有这样的三个：秩序、人权和正义”，[3]有的学者提出法价值有九种基本原则，“首尾一贯的生活规则、对各种价值不应专横地偏爱、对人不应该专横的偏爱、超脱、许诺、功效、在每个行为中尊重每一个基本价值、共同幸福、服从自己的良心”，[4]有的则将法价值设计为八大原则“一般性或普遍性、公开性、有限的溯及既往、明确性、非矛盾性、可行性、稳定性以及公权行为与法律的一致性”，[5]但是，价值形态往往是“互相渗透、互相包容、互相从属的”，[6]“要建立一个完整的价值体系是困难的”，[7]乃至于“那种认为可以寻找到或建立起法的价值的严格等级体系的想法是不切实际的幻想”。[8]作为法多元形式中的一元，民间规范价值同样面临这个问题。那么如何从具体形态上说明民间规范价值呢？要对民间规范价值在形态上作出提纲挈领的说明，必须返回民间规范价值的内涵中去，而法价值的内涵核心就是人的需要，从人个体性需要和社会性需要出发，民间规范价值的外延就呈现为自由与秩序两种外延形态。

人的需要大体可以分为两类——基于个人性的自我实现需要和基于社会性的社会归属需要。那么，依据人的个人性和社会性二重需要就可以将法价值分为对自我实现需要的满足和对社会归属需要

---

〔1〕 严存生：《法律的价值》，陕西人民出版社 1991 年版，第 151 页。

〔2〕 [英]彼得·斯坦、约翰·香德：《西方社会的法律价值》，中国人民公安大学出版社 1989 年版，第 3 页。

〔3〕 卓泽渊：《法的价值总论》，中国社会科学院 1999 年博士学位论文，第 47 页。

〔4〕 沈宗灵：《现代西方法理学》，北京大学出版社 1992 年版，第 79 页。

〔5〕 [美]富勒：《法律的道德性》，郑戈译，商务印书馆 2005 年版，第 124 ~ 125 页。

〔6〕 严存生：《法律的价值》，陕西人民出版社 1991 年版，第 151 页。

〔7〕 乔克裕、黎晓平：《法律价值论》，中国政法大学出版社 1991 年版，第 43 页。

〔8〕 卓泽渊：《法的价值总论》，中国社会科学院 1999 年博士学位论文，第 46 页。

的满足。而自我实现的需要和社会归属的需要的分别可以用一种基本法价值来表述——自由与秩序。换句话说，从人的需要出发可以用自由和秩序来统领法价值体系，其他的法价值可以在自由与秩序中寻找归宿。公平、正义、人权等都是自由与秩序的进一步发展或提升。因此，本书将自由与秩序作为民间规范价值的基本形态。其他价值可以从自由与秩序中衍生或者提升出来。而通过对民间规范中的规范语词进行分析，可以具体地展现民间规范中蕴含的自由与秩序价值。

（一）民间规范的秩序价值

民间规范秩序本质上是一种民间"共同体秩序"，即滕尼斯意义上的社区（Gemeinschaft）——具有情感传统的守望相助的"共同体秩序"。共同体公共活动的参与是培育民间规范秩序价值的前提，通过活跃的共同体活动不断强化秩序意识。例如，苗族地区的"埋岩"习惯法、侗族地区的"款约"习惯法、羌族地区的"议话"习惯法等，分别在"额骚""鼓楼""议话坪"进行讨论，最终协商设立、更新民间规范规则，一旦获得通过，即成为必须遵守的秩序。[1]这样一种基于认同和互相信任的秩序价值就被孕育出来，并且人们形成一种和谐、互相理解、互相帮助、互相宽容的民间规范秩序。

民间规范的秩序价值还体现在"不得""严禁""不许"等"规范语词"中。例如，在苗族"埋岩"民间习惯法中，通过大量的禁止性规范语词来确立村寨秩序。"在拱洞乡龙须村头的'松整埋岩'，规定了不准偷砍别人的松树，不准偷别人的鸟媒和粘漆，不准拿别人捕到

---

〔1〕"构成其建制核心的是一些非政府的、非经济的联系和自愿联合，它们使公共领域的交往结构扎根于生活世界的社会成分之中……那些或多或少自发地出现的社团、组织和运动，它们对私人生活领域中形成共鸣的那些问题加以感受、选择、浓缩，并经过放大以后引入公共领域。"参见［德］哈贝马斯：《在事实与规范之间：关于法律和民主法治国的商谈理论》，童世骏译，生活·读书·新知三联书店 2003 年版。

的鸟。”[1]“那个心地不良，思想不好，不走正路，做不合理，砸坏别人长菜桶（餐具），砸坏别人大饭包，地方一头，村寨一边，该罚就罚，该打就打，该杀就杀”，[2]“该”即“应该”，这里的“该”即通过维护财产秩序、保障财产安全来维护社会公正。另外，通过规范语词表达和塑造秩序价值更多地体现在“不得”的禁止性语词中，有一些不准重利盘剥、不准敲诈勒索等规定的埋岩，例如，安太乡尧良村的“党溜埋岩”中说到“不准老欺小，父欺子，兄欺弟，到处打别人油火（敲诈勒索）”，[3]这样体现了民间规范对秩序的维护。

（二）民间规范的自由价值

任何人都希望自由、任何规则都要宣称促进了自由的实现。[4]民间规范对自由的追求也是始终存在的。传统的民间规范中就蕴含着自由价值，例如，离婚自由在苗族理词中的表现，“你们两个情不投来意不合，怎么劝也不依，怎么说也不听，一个不愿跟一个……只有各走各的路，男走荣华富贵，女走荣华富贵，切莫怪我们这些当事人，把竹筒划破拆散你们”，[5]随着时代发展，民间规范自由价值更多体现出来，例如，瑶族地区的“大瑶山民族团结公约”中明确的说明了生产自由，尤其是废除了长毛瑶与过山瑶的不平等地位，“除鸟盆附近外，山上可自由打鸟。各地河流，准自由钓鱼、放网，但若放麸

---

[1] 徐晓光：《原生的法——黔东南苗族侗族地区的法人类学调查》，中国政法大学出版社2010年版，第33页。

[2] 徐晓光：《原生的法——黔东南苗族侗族地区的法人类学调查》，中国政法大学出版社2010年版，第44页。

[3] 徐晓光：《原生的法——黔东南苗族侗族地区的法人类学调查》，中国政法大学出版社2010年版，第35页。

[4] “自由确实是人所固有的东西，连自由的反对者在反对实现自由的同时也实现着自由……没有一个人反对自由，如果有的话，最多也是反对别人的自由。可见，各种自由向来就是存在的，不过有时候表现为特权，有时候表现为普遍权利而已。”参见《马克思恩格斯选集》（第3卷），人民出版社1976年版，第63页。

[5] 徐晓光：《原生的法——黔东南苗族侗族地区的法人类学调查》，中国政法大学出版社2010年版，第90页。

闹鱼应互相通知邻村集股作份，不作份者，只能在界外捡鱼”。[1]当然，在现代城市中生成的民间规范，如自治组织公约、公司章程等之中体现的更多也更为明显，相关论述十分多，这里不再赘述。

同样，自由价值也可以通过规范语词体现，例如在“1941 年在百秀村头松弟坳上做一次埋岩获得，称‘松弟埋岩’，宣布有女无儿人家可以招婿入赘，赘婿享有财产继承权，任何人不得歧视”，[2]当丧偶现象普遍出现的时候，人们会扩大婚姻自由范围，“头人们后来联系到社会上这种现象比较普遍，决定在芽朝做埋岩活动，宣布丧偶可再婚”[3]，“可以”一词调整了旧规范，扩大了婚姻自由度，这种调整说明，自由是民间规范追求的价值，随着实践需要的发展而不断变革，而我们可以得出的进一步结论：民间规范规范可能存在约束自由的情况，但是这不能说明民间规范就是否定自由价值的，正是存在自由价值的追求，才推动着民间规范规则的不断发展变迁，也正是由于自由价值的存在，民间规范必然会不断的向前发展，随着实践需要而不断创新，而绝非守旧禁锢。

第二节　民间规范价值的修辞分析

在“语言学转向”的大背景下，修辞早已成为法学研究的重要视角，我国对法律与修辞的研究也早已形成一定规模。但是从修辞视角分析民间规范的研究相较而言仍不多见。修辞即把内在思维呈现为外在语言文字表达，“依据题旨情境，运用各种语文材料、各种表

---

〔1〕 韦杨：《〈大瑶山团结公约〉研究》，广西民族大学出版社 2008 年版，第 19 页。

〔2〕 徐晓光：《原生的法——黔东南苗族侗族地区的法人类学调查》，中国政法大学出版社 2010 年版，第 41 页。

〔3〕 徐晓光：《原生的法——黔东南苗族侗族地区的法人类学调查》，中国政法大学出版社 2010 年版，第 40 页。

现手法,恰当地表现写说者所要表达的内容的一种活动",[1]从这个意义上说,法本身就是一种修辞,是社会秩序的修辞表达,"法就是主体秩序要求外化的产物"。[2]可见,一旦要将人的主体秩序要求外化,就必然需要修辞,而法价值更是修辞的产物,更离不开修辞分析,"价值预设的解释余地更大、理解向度更多、提供给人们诗性地理解的内容更广,进而提供给人们运用修辞技术手段以描述的可能性也更宏阔"。[3]民间规范价值是民间规范应然秩序理想的表达,因此也必然是人的主观的、内在的秩序需要外化的结果,因此也必然离不开修辞。所以,从修辞视角对民间规范价值进行审视虽然新奇,但也不无意义。

一、民间规范价值内在形成过程具有修辞属性

从主体角度看,民间规范价值具有人为性,这就为民间规范价值的修辞属性确立了主体基础。任何法律价值都是人为设立的,例如富勒的法律内在价值,其实本质上是人为的法律价值设定,其中甚至包含着明显的逻辑缺陷,已有学者指出富勒的八种内在道德并不是逻辑命题,而是修辞,"富勒设计了一个关于法律的理想模态,或者有关法律的一个设问,然后不遗余力地给这一设问填充说明意见,寻找论证途径"。[4]八种内在道德是他自己带着自己的预设而刻意设计的问题,然后自己进行回答,而这种回答在一定程度上并不是圆满的,例如"不溯及既往"的论证明显在逻辑上是模糊的,左支右绌的。同样地,《美国宪法》序言中申明的法价值也是修辞而不是逻辑,如德沃金所言,宪法、宪政、法治都是诠释性概念,提出这些价值并没有

---

[1] 《辞海》(缩印本),上海辞书出版社1980年版,第242页。

[2] 林喆:《法律思维学导论》,山东人民出版社2000年版,第141页。

[3] 这里涉及了"价值预设"这一范畴,从整体上来说,价值预设与价值二者并没有区别,前者是法律内部的概念,而后者是跨于主体与法律之间的概念,价值预设是价值实现之前的法律价值,法律价值是实现后的价值预设。谢晖:《诗性、修辞与法律价值预设——制度修辞研究之二》,载《现代法学》2012年第5期。

[4] 谢晖:《法治预设与设问修辞——制度修辞研究之三》,载《文史哲》2014年第2期。

逻辑上或者事实上的证明，而是仅仅是人为修辞预设。民间规范价值的人为性更为突出。作为一种源自经验的行为规则，其价值理想的确立根源于人的精神需求，其价值变迁的动力来自“制度中的行动者”。民间规范可以分为生成的民间规范和继承的民间规范。生成的民间规范基于民间规范主体的同意和共识，其中蕴含的价值理想是人们交流沟通的结果，具有比较明显的人为性。例如，在社区民间规范中往往以和睦相处为价值目标，在全新的城市居住结构中，人们为了突破陌生人社会带来的区隔——封闭的居住空间、快节奏的作息时间安排——而有意设立社区民间组织，组织共同活动，甚至采取网络交往的方式来实现和睦和谐的价值理想。这里的和睦和谐并不是自然而成的，而是人为设立并积极追求的。继承的民间规范中应然性价值理想也是人为设立的，一方面，在最初的规则生成中融入了设立者的价值目的；另一方面，在传承的过程中，人们在不断的交往实践中不断地进行着人为的修正、人为的价值变迁。如徐晓光所言，原生的法不等于原态的法，民间规范价值不是静态不动的，人们的不断的修正、变化着其内容，[1]而价值变迁都必然是人为的结果。例如，在苗族地区的“翟岩”民间规范中，人们往往会结合现实需要，通过翟岩会议的形式修改之前的规定，形成新的规定，修正价值标准。

从方法角度看，民间规范价值具有虚拟性，这也说明了民间规范价值的修辞属性。民间规范价值是虚拟修辞的结果，而不是客观世界的复写。“法律虚拟毋宁是对人类交往秩序的一种诗性描述和修辞预设，是一种立法者或司法者近乎首创的虚构的命名和规范”，其

---

〔1〕“所谓‘原生态文化’首先是‘原生文化’，但绝不可能是‘原态文化’。它是由地方共同体成员在世代共存和发展中创造的，在‘现实态’生境中仍然延续运作，并对地方族群的社会、政治、经济、法律生活以及对群体成员的价值观、法律观、道德观、审美观等尚能产生强烈影响的文化母体，这种文化母体尽管在表现形式上已经偏离其‘原初态’，但其‘内核’仍然保留着反映其文化持有者历史生境的完整信息。”参见徐晓光：《原生的法——黔东南苗族侗族地区的法人类学调查》，中国政法大学出版社 2010 年版，第 7 页。

"以艺术的手法来结构一切对象事实、交往关系和人类秩序"。[1]在民间规范中,通过法律虚拟的方法来设定价值是一种普遍的现象。例如,民间规范的运行过程中往往出现一些神灵的符号来表现价值目标,例如东南地区普遍存在的供奉妈祖,将神灵符号视为价值目标,如康德所说,"为了人类生活的美好,即使没有上帝也要创造上帝",通过虚拟的方式才能确立价值目标,使理想的价值目标可表述、可传播、可实现。而所谓超越性的精神存在,既不具有事实实证性,也不具有逻辑实在性,它在本质上是一种拟制、虚拟、预设的精神话语,这种虚拟是一种纯粹的精神创造,也正是因为这样,价值才往往呈现出多元的状态。

从结果角度来看,民间规范价值具有模糊性,体现了民间规范价值的修辞属性。经过人有意识的虚拟而成的民间规范价值在最后的形态上必然是模糊的。可以说法价值都是模糊的。为了人的需要而主观的选择、刻意的设计和有意的模糊,如德沃金所言,宪法、宪政、法治都是诠释性概念,超越性价值观念是诗性思维的产物,往往并不像逻辑规则那样明确、切实可操作。"在多数条件下,这些规定只能是一种假定、一种预设。因此,它虽然具有现实的一面,但在更多情况下,他代表了人们对法律的憧憬和理想。"[2]例如,自由作为法价值,罗尔斯与诺奇克对"平等自由"还是"自由的平等"有争论,而哈耶克对正义的认识与完全不同,消极正义的立场导致其对罗尔斯的社会正义嗤之以鼻,甚至称为"社会正义的幻象""海市蜃楼""国王的新衣""毒害的语言"。[3]因此,法价值不是独断的、不变的、明确的逻辑,而是多元的、流动的、模糊的修辞。当然,必须说明的是:模糊性并不是法治秩序的破坏,反而是法治秩序的促进。曾经有学者这样论述语言的模糊性,"语言的模糊性是普遍的客观存在,语言的

---

〔1〕 谢晖:《论法律拟制、法律虚拟和制度修辞》,载《现代法学》2016 年第 5 期。
〔2〕 谢晖:《诗性、修辞与法律价值预设》,载《现代法学》2012 年第 5 期。
〔3〕 何信全:《哈耶克自由理论研究》,北京大学出版社 2004 年版,第 176 页。

模糊性同语言的含混性不是一回事”，[1]这一论断在法价值模糊性问题上同样适用，价值的模糊是真实的现象，价值的模糊性与价值的含混性不是一回事，相反，价值的模糊性能够保持开放性进而为人们取得价值共识提供可能。[2]

总之，正是因为具有人为性、虚拟性、模糊性，民间规范价值才体现出了修辞属性。这些修辞属性蕴含的是民间规范主体对应然理想秩序的追求，体现了民间规范价值的本质。

二、民间规范价值实践作用方式具有修辞属性

1. 以修辞的方式引导构建社会秩序。修辞属性是民间规范秩序得以构建和运行的前提。[3]民间规范价值引导构建民间规范秩序，即通过价值预设的方式，确定人的行为取向，最终形成系统的规范和秩序。以苗族“贾理”民间规范为例。“贾理”的“贾”就是民间规范价值，“贾无形无象，摸不着，但你会强烈地感受到，它就在字里行间，它就在理词之外……‘贾’是灵魂，‘理’是‘贾’的延伸，是实现‘贾’的路径和手段。因此‘理’可以理解为道理、天理和法理”[4]。因此，可以推知，“贾”作为灵魂核心并不是具体的道理，而是产生道理的无形无象的道、天、法，是民间规范的价值。而“贾理”的“理”则是民间规范秩序。“从我们收集到的‘贾’的内容看，‘贾’是以史诗

---

[1] 陈原：《社会语言学》，学林出版社 1993 年版，第 263 页。

[2] “语言的模糊性就是指语言的意义不确定性，而语言的含混性就是指语言意义的冲突性。”参见谢晖：《法律意义的追问》，商务印书馆 2004 年版，第 337 页。“与其说修辞的本质是模糊的，不如说它是克服模糊性的，开启想象之途，迈向整体澄明的智识”，“人类必须带着不完善的认知及认知能力去为自身立法。这样的立法，如果不借助于人类的某种‘模糊自制’，尽量去模糊边界，提纯共识，就不可能使法律被接受。”参见谢晖：《法律的模糊/局限性与制度修辞》，载《法律科学》2017 年第 2 期。

[3] “尽管所有法律规范必须模拟人的行为类别而作出，在这个意义上法律理应符合逻辑、符合理性思维……但是这里的理性思维、逻辑论证只能是诗性思维框架下的一种客观化努力，它不可能取代人类法律的诗性维度，从而也无法取代法律自身作为一种修辞而模拟人类千变万化、纷繁复杂的行为。”参见谢晖：《诗性、修辞与法律价值预设》，载《现代法学》2012 年第 5 期。

[4] 燕宝：《贾理春秋——读“苗族理词”》，载《黔东南社会科学》2003 年第 4 期。

形式反映的'理辞'。贾译为'道',即法则、规律、万事之大道理之意,很大程度上具有'经'的性质……是苗族人民社会生活的总依据、规则和原则,是苗族村落社会的'核心价值体系',就像中国封建社会的三纲五常。"[1]可见,如果说"理"是通过分析后的理性结果的话,"贾"就是一种内心感受出的修辞。进一步说,如果说"理"是可操作可实证的具体的行为规则的话,"贾"就是不可实证的需要直观感悟的价值理想。

2. 以修辞方式进行逻辑漏洞的填补。实然的法律具有局限性,这是一个理论上获得共识的事实。但是实践中,行为指引和纠纷解决都需要肯定、明确和普遍的规范。此时,法律局限性的补救就需要通过价值选择与衡量来弥补规则的裂缝,而此时用的不再是逻辑推理,而修辞说服,通过修辞让人们服从价值选择。民间规范是面对的是一个原生态的社会,是一个"无限敞开"的世界,人的认知局限性表现的更突出,民间规范规则的规范性不足,规则裂缝更多,因此民间规范价值出场的概率更大,在民间规范运用的场合,规范的价值目的往往被反复申明,而且在规范漏洞出现时,民间规范价值就成为弥补漏洞的规则渊源,事实上,这种情况非常多见,例如,苗族地区埋岩习惯法中经常通过寨老组织"戳岩"会议,以祭拜上天的礼仪和传统为形式来重申价值,再造规则,宣布新规范。正因为存在着价值修辞的源泉,"理"才能不断地发展创新,"理老在裁判案件中结合新的案件灵活裁量又成了'新理',渐渐地变成了新的理词……这不仅说明理老在裁判案件中创造了法理,也标志着历史上苗族习惯法的进步"。[2]"理"是具体的规则,当规则出现漏洞,"理"屈"词"穷的时候,"贾"就作为弥补规则漏洞的价值出现,而这一过程不是别的,正是修辞说服的过程——通过神(神祇传说的形式)、传统(古老谚语

[1] 徐晓光:《原生的法——黔东南苗族侗族地区的法人类学调查》,中国政法大学出版社 2010 年版,第 88 页。

[2] 徐晓光:《原生的法——黔东南苗族侗族地区的法人类学调查》,中国政法大学出版社 2010 年版,第 89 页。

的形式)、权威(寨老理老决断的形式)来产生说服力。

3. 民间规范价值作为一种修辞,能够说服人们,使人们对民间规范规则深刻理解和支持,使得民间规范规则获得权威。经过价值的说服,人们才做出了行为选择,放弃一部分人的利益,维护另一部分人的利益。例如,在广东省的民间继承规则中存在的外嫁女不得继承遗产的规则,其中宗族伦理中蕴含的价值就是说服人们的工具,让人们维护家族利益而忽视女性利益。而随着新的价值观念进入民间,民间规范价值出现变迁,平等价值则成为说服工具来修正民间规范、维护女性利益的方式。若没有价值的说服,这一问题始终存在着利益选择困境,而价值的说服不是基于逻辑多么周密,而是修辞属性。因此,民间规范价值总是以修辞说服的方式出场,采取的正是修辞说服方法,而不是逻辑推演方法。可见,民间规范价值难以通过逻辑证明,修辞的说服是民间规范价值实现的主要途径。事实上,不仅民间规范价值,我们所熟知的自由、平等、民主、人权、博爱等最基础的法价值"都是在历史博弈和对抗中产生的,是历史对抗和博弈的结果,而不是'普世'或'普适'的结果……人们对法治的接受,法律对人的统治,不过是修辞征服人心的结果"。[1]

三、民间规范价值外在形式具有修辞属性

从外在呈现形式看,民间规范价值具有修辞属性。不管是口语还是书面,民间规范价值最终总要呈现为一个简短的词语。词语本身就是修辞,表达民间规范价值的词语,一方面要体现民间规范的内在规定性,另一方面也体现出了修辞的开放性。[2]"由于法律语言所用词汇本身含义的丰富性,以及语言本身所隐含的历史文化传统

---

[1] 谢晖:《论法律制度的修辞之维》,载《政法论坛》2012 年第 5 期。

[2] 西方学者曾指出,"在法律中,绝对确定的概念是罕见的……人们在不确定的概念中区分出概念核与概念晕,只要我们想弄明白概念的内容和范围,我们就与概念核相干了,出现疑惑的地方,概念晕就开拔了",参见[德]卡尔·恩吉施:《法律思维导论》,郑永流译,法律出版社 2004 年版,第 133 页。

的底蕴,使法律语义虽有严格的限制,却又具有很大张力”,[1]民间规范价值也往往是以一些词语为表达的,如“孝”“义”“诚”等,都是需要诠释的修辞,而非理性的逻辑概念。更重要的是:民间规范价值与社会实践中的具体情况相结合时存在难以预测的复杂性,作为词语的民间规范价值,在一定的背景下呈现出一定的含义,在另一个背景下就有变成另一种含义。因此,以词语呈现的民间规范价值本身就是修辞的结果。同时,民间规范价值往往通过修辞工具来表达。例如,苗族侗族地区的民间习惯法往往以歌唱形式表达,“款词多为对偶句,有韵但不严格,以上下句押尾韵为主,抑扬顿挫,起承转合”,[2]采用拟人修辞进行表达,“天正地直,讲给天听,我依古理,捞不会伤”,[3]采用比喻修辞进行表达,“兄弟不和睦,脚趾踩手指,邻里不团结,肩臂撞肩臂”,[4]采用对偶修辞进行表达,“你退三丈、我退三丈,莫以角相斗,不用头相碰”。[5]这些都说明了民间规范价值的修辞属性。

第三节　民间规范价值的文化解释

一、民间规范价值的文化解释的理论基础

孙正聿教授在《哲学通论》中指出,“现代哲学,它之所以被称为‘实践转向’和‘语言转向’,是因为它超越了近代认识论转向的主观

---

〔1〕 林喆:《法律思维学导论》,山东人民出版社2000年版,第258页。

〔2〕 徐晓光:《原生的法——黔东南苗族侗族地区的法人类学调查》,中国政法大学出版社2010年版,第110页。

〔3〕 徐晓光:《原生的法——黔东南苗族侗族地区的法人类学调查》,中国政法大学出版社2010年版,第87页。

〔4〕 徐晓光:《原生的法——黔东南苗族侗族地区的法人类学调查》,中国政法大学出版社2010年版,第116页。

〔5〕 徐晓光:《原生的法——黔东南苗族侗族地区的法人类学调查》,中国政法大学出版社2010年版,第73页。

与客观的二元对立,从思维与存在统一的现实基础(实践)或文化中介(语言)出发,去回答和解决思维与存在的关系问题”。[1]现代哲学对之前哲学思想的突破就在于现代哲学要从符号——文化视角对一切进行审视,这就包含了对法学的审视,那么这一审视的必然结果就是必须将法学结构到文化中进行解释。对于民间规范来说,这一点更为重要,民间规范是植根于民间文化中的规则,只有从文化视角才能真正理解民间规范。对于本书所研究的民间规范价值来说,文化视角的分析也是无法回避的,因为,价值观念是嵌入文化中的核心意识,一个民族的文化“往往渗透在一个民族的法律心理机制当中,表现为一种民族法律价值体系和行为准则”。[2]如果没有分析民间规范价值的文化背景就无法真正理解民间规范价值的含义。所以,民间规范价值必须从文化视角来解释,才能充分说明其内涵。同时由于民间规范价值是存在于人们内心的,不见于外部世界的,因此,除了抽象的价值分析之外,我们可以结合可见的文化现象来分析,使民间规范价值转化为具体的文化现象,通过这些“外化物”进行分析,这样就可以去比较它们的相同和差异,它们的根源与走向。从文化角度对民间规范价值进行观察,可以回答这些问题:民间规范价值的文化背景是什么?不同民间规范价值差异体现在哪里?从动态的角度看,民间规范价值与文化是怎么互动和共同发展的?

将民间规范价值嵌入文化中进行分析是一种结构主义的分析方法,列维·施特劳斯在《结构人类学》中指出了结构主义的特点,在他看来,“第一,结构是一个完整的整体,组成各元素之间是严密地互相制约的,以至于其中任何一个都无法独自发生变化,即结构的整体性;第二,如果一个结构中的某些元素发生了特定的变化,该结构整体就会发生变化,即结构的可变性;第三,结构的意义在于可以直

---

〔1〕孙正聿:《哲学通论》,复旦大学出版社2007年版,第260~263页。

〔2〕刘作翔:《法律文化理论》,商务印书馆2011年版,第124页。

接地认识被观察到的一切事实，即结构的可识性”。[1] 整体性、可识性是对文化结合的静态分析，可变性是对文化结构的动态分析，因此本书对民间规范价值的文化分析展开通过两个路径。首先，从文化的多元结构角度概括民间规范价值的整体性与可识性。民间规范价值多元复杂，所谓“十里不同风、百里不同俗”，其具体内容无法全部说明，但是通过文化结构的分析来说明其民间规范价值的存在结构，通过这一结构纲举目张地说明民间规范价值多元状况。其次，可以从文化结构的可变性把握民间规范价值的发展过程。文化是处于不断的发展变化的过程中的，这种动态变化伴随着民间规范价值的产生、融合、消失的过程，通过对多元文化互动融合的分析可以说明民间规范价值融合发展的必然性趋势。

二、从文化多元视角看民间规范价值的多元结构

民间规范价值的多元性是我们可以看到的基本事实。“十里不同风、百里不同俗”，文化的差异往往就决定了价值标准的差异，一个人的行为在一个文化地区看来是自然的合理的个人行为，但在另一个文化地区中就“被认为”是违背价值观念的行为。不同的民族、不同的地区、不同的时代都呈现出了多元的价值追求，甚至是当同一民族、同一地区、同一时代的民间规范处于不同的情景中，人们又会根据实践而进一步诠释其内涵。正如帕斯卡尔所说，“所有的正义或不正义都在随着气候的变化而改变其性质。纬度高三度就颠倒一切法理，一条子午线就决定真理；根本大法用不到几年就改变；权利也有自己的时代，土星进入猴子座就为我们标志出一种这样或那样罪行的开始，以一条河划界是多么滑稽的正义。在比利牛斯上的这一边是真理的，到了那一边就是错误”。[2] 所以，在法治建设中，我

---

〔1〕［法］列维·施特劳斯：《结构人类学》，陆晓禾、黄锡光等译，文化艺术出版社 1989 年版，第 70 ~ 79 页。

〔2〕［法］帕斯卡尔：《思想录》，何兆武译，商务印书馆 1986 年版，第 137 页。

们“要关注多元的文化,要树立多元的文化。这种多元文化及其观念不仅指地域的文化多元,而且指人们精神文化的多元,职业文化的多元,大小传统的多元,等等。这种多层次、多视角、立体式的文化多元观有利于我们在文化上一视同仁地关怀每一个人,在需求上关怀每一个人。只有只有这样才能奠定产生理想法律的文化前提,否则即使出发点是好的,其结果也会不尽如人意”。[1] 相应地,在民间规范研究中,我们也必须从文化多元视角去审视民间规范价值的多元,才能真正认识到其正当性根基,才能真正理解民间规范本身。

(一)从民族文化多元看民间规范价值

不同民族间的文化差异决定了各个民族的民间规范价值存在巨大差异,其中往往还掺杂着宗教等问题。汉族杀人偿命作为一种民间规范在诸多自力救济的刑事案件中出现,[2]藏族杀人赔钱,也作为民间规范在藏族社会中普遍存在。[3]通过对汉族的杀人偿命民间规范的价值观念与藏族杀人赔命价的价值观念进行对比,可以充分体现这种差异。

杀人偿命这种民间规范的价值渊源是宗族祖先崇拜。宗族祖先崇拜汉民族文化突出特色,这与儒家文化所强调的忠孝文化相关,也与古代中国长期依靠宗族治理基层社会有关。基于这样一种价值观基础,形成了这样一种价值体验,林语堂曾生动地描绘了这种情感体验:“一个祖父看见孙子背着书包上学,便觉得他好似已在这个小孩之中重新生活,他们用手抚摸这个小孩时,他即感到这就是自己的血肉。他的生命不过是家庭大树上的一枝,或永远向前流去的潮流中

---

〔1〕 谢晖:《法哲学讲演录》,广西师范大学出版社2007年版,第30页。
〔2〕 参见《“以血溅之”——自力救济的极端》,载 http://blog.sina.com.cn/s/blog_4acb7cc901012fb3.html,最后访问日期:2019年3月14日。
〔3〕 参见王林敏:《藏区赔命价习惯法与国家刑事法制的冲突与消解》,载《甘肃政法学院学报》2014年第6期。

的一部分,所以他虽死也是快乐的。”[1]人们在家族血脉的延续中体验生命的意义、获得生命的延续,所以,杀人行为导致的不仅仅是被害者生命的结束,还是家族血脉的断裂,还是对这种超越性价值体验的破坏。正是基于这样的原因,被杀者的亲人才会坚决要求杀人者偿命,通过杀人偿命来安慰亡魂,更是对家族血脉延续的想象世界的补偿和交代,“杀人偿命不仅仅表现为一种公平原则,还嵌入了中国人有关善终和凶死的意义世界,在民众的思维里,杀人不仅仅是对被害人肉体生命的剥夺,更是对其善终的阻断,杀人者若不偿命,被害者的冤魂在九泉之下就难以安息”,[2]被害者的家族成员要获得内心的安宁,就一定要用杀人偿命来修补受到损害的想象世界,才能获内心的释怀,案件才能最终解决。所以在汉文化的背景下,杀人偿命成为了共识性的民间规范,这并不是简单地以暴制暴的生物本能,而是在家族传承这种文化背景下价值追求的必然选择。

藏族的赔命价规则与汉族杀人偿命观念不同,体现的藏族“化解仇恨,往生来世”的价值追求。赔命价在古代藏族社会中是一种正式制度,而在现代社会演化为了一种民间规范,是“一种以民间暴力为前提的、通过第三方调解而获得赔偿的民间纠纷解决机制,将其称为‘私了’或许更能准备表达这种机制的性质”。[3]赔命价民间规范事实上构成了对国家刑事司法权的替代和干预,影响国家司法权威,与罪刑法定原则、罪犯责任自负等原则冲突。但是经过“取

[1] 林语堂:《生活的艺术》,中国戏剧出版社 1991 年版,第 180 页。
[2] 尚海明:《善终、凶死与杀人偿命》,载《法学研究》2016 年第 4 期。
[3] 王林敏:《藏区赔命价习惯法与国家刑事法制的冲突与消解》,载《甘肃政法学院学报》2014 年第 6 期。

缔”[1]的种种措施之后并没有消失,而是出现了“回潮”。这种回潮不仅仅是人们行为习惯延续,更是赔命价中含有的价值理念的体现。首先,赔命价在价值上体现了佛教“化解仇恨”的宗教元素,“在藏区,藏族民众适用‘赔命价’习惯法的终极价值目标与其追求修身、积德行善和修炼成佛的价值追求有关”。[2]由于藏区佛教是全民性的宗教,藏传佛教的教义和戒律被普遍遵守和信仰,而根据藏传佛教“灵魂不死”观念,杀人偿命技能实现惩罚杀人者的目的,又违反了杀生的禁忌或者说戒律。其次,赔命价在经济上有追求纠纷解决效率的价值考量。在藏区,命案受害方不仅有死者医疗费、丧葬费等损失,还有为死者作佛事的费用,[3]赔命价在一定程度上缓解受害方的经济压力。事实上,赔命价在藏语中称谓是“懂嘉哇”或“拟懂”,含义为“空”,意指“支付命价不会变穷,获得命价不会变富到头来一场空”,也指“发生命案纠纷时,通过财物补偿将仇怨做空,让死者安

---

[1] 例如,青海省黄南藏族自治州曾在2000年出台了《关于严格依法办事,坚决禁止赔偿“命价”的决定》,要在全州范围内坚决杜绝赔“命价”现象的发生。青海省委领导专门批示:第一,“要下决心逐步扭转这种落后的传统做法,依法治省的要求就是要通过这些问题的解决而逐步落到实处”;第二,“所谓赔‘命价’这样的落后习俗我们要采取综合措施下决心予以解决”;第三,“下一轮综合治理责任书要搞得更细,把赔命价等陈规陋习的扫除也列入目标,看来这样的事光在会上讲解决不了,要有更具体的措施,要抓好落实”。2002年西藏自治区人大常委会出台《西藏自治区人民代表大会常务委员会关于严厉打击“赔命金”违法犯罪行为的决定》直接规定按照习惯法强索赔命价的行为是敲诈勒索罪,居间组织调停、商讨赔命价的行为也是违法行为,一律按照法律规定予以制裁。

[2] 淡乐蓉:《藏族赔命价习惯法研究》,中国政法大学出版社2014年版,第5页。

[3] “按照藏族的传统丧葬习俗,一个家庭有了丧事,一般先送布施于寺院……必须请活佛念经超度亡灵,要请僧人将尸体送到天葬台进行处理,要在家中点以酥油为燃料的长明灯,几百盏灯日夜不停地整整点上四十九天……仅仅这一项费用就几千元甚至上万元。来做法事的僧人都要吃饭、给报酬;来帮忙的亲戚和村里人要吃喝;还要大量的‘糌粑’当供品。每七天就要进行一次引导游魂的繁缛仪式,因为人们认为死者在‘中阴’要经历七次死亡。七七四十九天后,家人还要到著名的寺庙里继续朝拜,以确保死者转世之处的神灵知道他(她)到达。还要刻‘嘛尼石’、印经幡等。因而丧葬费用花得很多,可以说,为了能使死者有一个好的来生,受害者家庭不惜代价,少则一两万,多则十几万甚至几十万。”参见衣家奇:《赔命价——一种规则的民族表达方式》,载《甘肃政法学院学报》2006年第5期。

息，罪人忏悔，使事情回到什么也没发生的状态”。[1]因此，经济上的效率目的也是赔命价民间规范的价值追求。

通过对比我们可以看到：不同民族的民间规范价值差异，如果忽视文化解释的视角，就难以理解民间规范的真正内涵，也就难以理解民间规范之间的多元差异。

（二）从城乡文化多元看民间规范价值

民间规范价值还呈现出城乡间的差异。城市民间规范已经吸收了大量的城市文化，具有明显的现代社会色彩，在乡村地区，民间规范仍然保持着传统文化特色。乡村民间规范往往通过权威来实现秩序。乡村民间规范依靠民间权威来实施，由民间权威来主导，在一些情况下民间权威还会推动民间规范的变革，“习惯法的传承不是静止和僵化的，而是通过‘乡土法人’的动态实践不断继承并产生新的规则，由乡民逐渐接受和认可”。[2]例如，瑶族地区的“款约”“讲件”“料话”等规则都是在“石牌头人”的组织下开展，“石牌头人”对民间规范有直接的导向作用。农村民间规范的权威文化特征在纠纷解决中也呈现出来，农村人民调解是一个村组织、家族、乡土能人博弈的复杂过程，“相对于村组织、村干部的政治色彩和家族力量的狭隘性质，精英力量在人们调解中处于更加中立和超然的地位，也正因为如此更容易得到民众的支持和信服……但是缺乏政权和家族的支持，遇到重大利益的调整或无赖式的当事人就难以达成协议”。[3]在城市地区，民间规范已经融入大量的城市文化，民主自由等价值也已经融入其中，已经不再是采用权威治理的方式，而是以群众共同治理为基本方式，以权利维护为核心，主要以契约方式明确人们之间具

---

〔1〕 衣家奇：《赔命价——一种规则的民族表达方式》，载《甘肃政法学院学报》2006年第5期。

〔2〕 陈寒非：《从一元到多元：乡土精英的身份变迁与习惯法的成长》，载《甘肃政法学院学报》2014年第3期。

〔3〕 王俊娥：《论农村调解过程中的力量博弈》，载《甘肃政法学院学报》2014年第3期。

体的权利义务关系，有的甚至明确了权力制约理念，例如，上海浦东新区合庆镇的村民自治规范中，通过民主监督机制村干部的权力受到了有效制约，村民民主得到了有效保障。[1]

可见，城市和农村地区的民间规范已经呈现出了极大的差异，这体现了不同文化环境对民间规范产生的不同价值导向影响，形成了不同的规则内容。

（三）从“科学文化”与“信仰文化”的差异看民间规范价值

科学可以说是一种文化，[2]即追求理性、逻辑分析，信仰则是另一种文化，追求内心世界的感悟。一些民间规范是科学文化的产物，另一些民间规范依靠信仰文化存在和发展，文化差异决定了两类民间规范价值的差异。

一些民间规范是在科学文化中孕育形成的，具有时代性，结合了诸多科技因素，而且随着时代发展而不断更新。例如，网络交易民间规范，以适应动态的、非中心化的、国际性的电子交往规则为主，是一种典型的民间造法成果。网络交易行为规范更具有专业性、技术性、科学性，并且通过科学技术——人工智能、网络技术等——发展出了内部的争端解决和执法机制。已经有学者从规范法学的角度分析了网络交易规则，我国网络交易规则发展经历了四个阶段，可以划分为两种类型、三个层次，内容包括准入规则、交易规则、营销规则、处罚规则，在原则和程序上也初步形成固定做法。[3]网络交易规则的法律属性是民间规范，具有行为规范和裁判规范的法律效力，是网络“赛柏文化”（Cyber－Culture）的产物，科技性、专业性促使其具有极

---

〔1〕“‘草根宪法’对事务标准、操作方式等的严格规定转变了村干部过去‘一言堂’‘家长制’等做法，村干部能做什么，不能做什么，是否按章办事，村民都可以在‘草根宪法’中进行对照查询。”参见李瑜青、张玲：《民间法在国际大都市社会治理中的运用及其思考——以上海市浦东新区合庆镇“草根宪法”实践为例》，载《民间法》（第17卷）2016年第1期。

〔2〕参见李醒民：《论科学文化及其特性》，载《科学文化评论》2007年第4期。

〔3〕参见杨立新：《网络交易规则研究》，载《甘肃社会科学》2016年第4期。

强的独立性，甚至对国家法行使权威的空间、影响力、正当性都构成了挑战，导致国家法在这一领域难以奏效。正如学者指出的："鉴于这些标准是保证网络运行及高效所必需的，主权者不承认也是行不通的……国家只应在国家有能力以及有直接利益或者是在国家比网络社会更有能力才能介入网络行为的规制。"[1]

还有一些民间规范是信仰文化的产物。例如，"风水"规则，殡葬规则等，这些规则具有广泛认可的社会心理根基，在社会秩序层面构建了家族伦理、家族权威、民间信仰等内在秩序，"不仅通过亲情固化家庭伦理关系，维护家族、家族长的世俗权力权威，而且还通过程序的规范性延续法师、神婆和江湖术士的神秘主义权力权威。在这个过程中，传统的民间信仰和社会权威共同修复、整合和维系着民间社会的权力秩序"。[2] 而这些规则的价值观念往往源于神话传说等，虽然不是科学的，但是也形成一定认同，人们获得了社会中的角色定位，形成了一定的秩序。"神话本身并非只是一大堆原始的迷信和粗陋的妄想，它绝不只是乱七八糟的东西，因为它具有一个系统的或概念的形式"，[3]通过这种系统性的定位，人们获得了内心的安定，获得了心灵休憩之家。"巫术建立在这样的假定之上，即一旦完成了一种恰当的仪式或者行动，它的自然结果必会如预期的那样发生。而且，对这些仪式的自信表明，对原始人类来说它们成为一种'科学'，它们给自然界以确定性，并给它的运作过程予以控制。"[4]

可见，通过对"科学文化"与"信仰文化"的差异也可以理解不同文化环境塑造的民间规范价值的多元状态。

---

[1] 姜世波：《网络习惯法：网络社会自治的法律规则体系》，载《民间法》（第13卷）2014年第1期。

[2] 孙午生、王月峰：《"叫魂"习俗及其对社会秩序构造的影响》，载《民间法》（第17卷）2016年第1期。

[3] [德]卡西尔：《人论》，甘阳译，上海译文出版社2004年版，第36页。

[4] [美]包尔丹：《宗教的七种理论》，陶飞亚、刘义、钮圣妮译，上海古籍出版社2005年版，第29页。

三、从文化融合视角看民间规范价值的发展融合

亨廷顿在对世界文明的分析中指出，“在这个新世界里，最普遍的、重要的和危险的冲突不是社会阶级之间、富人和穷人之间，或其他以经济来划分的集团之间的冲突，而是属于不同文化实体的人民之间的冲突”，[1]虽然亨廷顿对世界政治局势的判断存在争议，但其对文化冲突的论述值得思考。那么将这一问题代入本书研究的主题“民间规范价值”中，一个需要论证的问题就是：既然文化的多元孕育出了民间规范价值的多元状态，那么这种文化多元是否会导致民间规范价值的冲突呢？我们应当如何应对这一问题？本书认为，文化多元可能引起文化冲突，但是最终会走向文化融合，文化多元是文化融合的基础，文化融合是文化多元的归宿，因此，我们应当正确面对民间规范价值多元的状况，而不是试图消灭多元性；应当积极促进民间规范价值的融合，而不是仅做客观的描述。

（一）文化多元与文化融合的辩证关系

文化多元与文化融合并不是绝对背离的，而是辩证统一的。文化多元意味着差异和不同，因此，必然带来文化冲突，但是我们不能只从客观的角度观察、描述这一事实，而应必须积极构建和设置合理的社会机制，化解冲突，促使文化走向融合。

1. 我们必须理性面对文化冲突，合理处理文化冲突。（1）文化冲突不可避免。文化冲突是社会常态。从表象上看，历史长河中世界各地各民族文化多姿多彩是无可争议的事实，从内在规律上看，文化差异是人的主体性意识的必然后果，对独特性、对多元化现实的忽视和否定，某种程度上就是对独立性和主体地位的否定！例如，埃里克森在对夏斯塔县的观察中就发现，某个地方的群体往往会刻意的

---

〔1〕［美］塞缪尔·亨廷顿：《文明的冲突与世界秩序的重建》，周琪、刘绯、张立平、王圆译，新华出版社 2010 年版，第 6 页。

塑造和保持独特文化形态,对这种独特文化形态的捍卫的目的就在于自我主体意识的强化。独特性是对其自身主体地位的宣示和强化,如果否定这种独特性就会引起反抗和斗争,"不仅是对共同体日常行为方式的干预,而且也是对他们所信仰的生活方式的侵扰……在夏斯塔县,牧人们之所以以死坚决的为他们的习惯性规范而斗争,就是为了维护'在夏斯塔县,牧人仍然是天下老大'的符号性地位"。[1]所以,文化多元与文化冲突不可避免,我们只能理性面对和合理应对。(2)文化冲突不仅仅是人类社会的常态,实际上也是文化发展的动力。文化的发展需要多元文化的碰撞,"文化的发展是有赖于多种文化不断的交流和碰撞,有赖于百花齐放、百家争鸣局面的形成和维持",[2]通过冲突之后的融合才能真正促进文化的发展。因此,我们别无选择,只能理性面对文化冲突,合理处理文化冲突。

2. 合理处理文化冲突的关键在于合理的制度安排。科塞在《社会冲突的功能》中指出冲突能够发挥一种"安全阀门"[3]的作用,冲突对社会群体具有整合功能,群体内部合理范围内的冲突有助于化解社会敌意的积累,如同高压锅的转动阀,细细的、持续的散出锅中热气,合理的冲突能够避免矛盾的积攒,加强群体内的凝聚力。冲突无所不在,关键问题在于设置合理的"安全阀"机制,将冲突转化为社会发展的活力和动力。

总之,文化多元与文化融合并不是绝对背离的,而是辩证统一的。通过合理的制度安排,可以让文化多元成为文化融合的动力,文化融合成为文化多元的归宿。

---

[1] [美]埃里克森:《无需法律的秩序:邻人如何解决纠纷》,苏力译,中国法制出版社2003年版,第15页。
[2] 严存生:《法的一体与多元》,商务印书馆2008年版,第96页。
[3] [美]刘易斯·科塞:《社会冲突的功能》,孙立平译,华夏出版社1989年版,第25页。

（二）多元民间规范价值的发展融合

文化多元孕育了民间规范价值的多元，不同地区不同族群的民间规范价值观念差异导致的冲突也不可避免，而文化的变迁会与民间规范价值保持多元发展的常态，但是可以通过一定方式促使民间规范价值互通互融，和谐共存。

不同民间规范之间的价值可以通过在交往实践中实现互通互融。具体来说有几种路径。第一，互相模仿、借鉴的路径。费孝通在论述民族文化融合时曾经说："历史的经验千百次地证明了：乐于接受其他民族的特长、兼容并包，是有利于本民族经济文化的发展的，闭关自守、手机柜台、孤芳自赏，追求本民族文化的所谓纯洁性的任何幻想，都只能是一种抱残守缺、甘于落后的表现。"〔1〕事实上，民间规范价值也是如此，在与不同规范共同体的交往中，由于实践需要民间规范也会主动吸收外来的价值因素。这种模仿、借鉴吸收外来文化来实现价值变迁的例子历史上层出不穷，例如，远古时期少数民族就吸收了中原地区对盘古的崇拜文化，苗族、白族等少数民族就将盘古视为神加以崇拜，"在汉、苗、侗、白等民族的神话中，都把盘古看做开天辟地的始祖，虽然各民族对盘古开天辟地的具体情节叙述各有不同，但是这些神话的基本内容却是一致的"。〔2〕这就是少数民族对汉民族文化借鉴的结果。第二，适应实践需求而自发吸收新的价值元素的路径。比如典权民间规范，在最初典权出现时，体现的是儒家传统中帮扶弱者的价值理念，在我国早期历史上，典权的期限完全由当事人自由约定，法律不作任何限制，且约定的典期届满后，若出典人不予回赎，则典权关系将永远存在，久过年月，只要出典人主张回赎，典权人不得抗赎。这也体现了祖宗遗产不可变卖的家族价值理念，即典权没有期限限制，只要出典人有了回购能力就可以赎

〔1〕 费孝通：《中华民族多元一体格局》，中央民族大学出版社1999年版，第148页。
〔2〕 费孝通：《中华民族多元一体格局》，中央民族大学出版社1999年版，第145页。

回物品。但是随着时代变化，典权发生了改变，为了促进市场流动的效率，典权期限成为典权制度的内容，乾隆十八年已经规定“典卖契载不明之产，如在30年内，契无绝卖字样者，听其照例分别找赎，若远在30年以外，契内无绝卖字样即以绝产论，概不许找赎”。[1]现在的典权民间规范延续这种规定，实际就已经体现了，可社会实践发展要求典权必须体现公平效率的价值，典权规则已经不再坚守儒家传统价值，而是为了稳定市场法律关系，“拓展企业个人融资渠道”，[2]吸收借鉴了现代市场的自由、效率价值。再如，江浙地区民间金融规范“合会”的发展中，由于实践需要，“合会人员构成上，从强连带亲属关系圈到以亲属关系为核心扩展到单位同事、生意伙伴、同学、朋友等更大的熟人圈子，相比于过去，当代民间合会在会单制作与和会程序方面逐渐趋向规范”，[3]这其中就体现在商业化的社会实践要求下，民间合会吸纳了现代商业的程序正义等价值。第三，通过民主程序吸收的路径。例如，在广西大瑶山地区的《大瑶山民族团结公约》，就是大瑶山地区原有的民间规范吸收民主、平等价值理念，以民主公约的形式实现价值融合，“在公约中，体现了瑶族习惯法固有的族内成员平等、男女平等价值，同时又将平等扩大到了族系平等、经济平等，使平等的内涵得到了发展。大瑶山团结公约的制订从实际出发，尊重瑶民的固有习惯法挂念，以瑶族固有习惯法精神为基础，对瑶族固有习惯法的法价值进行了一定的选择，并开拓性地扩展了瑶族固有习惯法的法精神内涵”。[4]

可见，文化多元可能引起文化冲突，但是最终会走向文化融合，文化多元是文化融合的基础，文化融合是文化多元的归宿。在这样

---

〔1〕 赵晓耕、刘涛：《中国古代的“典”“典当”“倚当”与“质”》，载《云南大学学报》（社会科学版）2008年第1期。

〔2〕 金玄武：《典权制度历史源流与现实价值——与韩国传贳权制度为比较考察对象》，载《民间法》（第15卷）2015年第1期。

〔3〕 李学兰：《信任与秩序》，载《山东大学学报》（哲学社会科学版）2008年第4期。

〔4〕 高其才、罗昶：《瑶族固有习惯法的现代价值》，载《人民论坛》2011年第6期。

的文化理论中解释民间规范价值，就可以看到民间规范价值随着文化的变迁而不断更新自己，在自身发展中必然吸收不同于自己的价值。因此，我们应当正确面对民间规范价值多元的状况，而不是试图消灭多元性，当前应对民间规范的实践中往往出现价值一元化的思维，试图用国家法为价值依据，试图彻底改造、消灭民间规范，如周口平坟事件、江西抢棺事件等，最终劳民伤财的同时受到广泛批评。这就提醒我们：必须尊重民间规范价值的自然变迁进程，以价值多元的现代化思维来考虑相关问题。

四、从文化解释角度正确看待“野蛮”的民间规范

（一）法治现代化中“野蛮”的民间规范及其成因

我们不得不承认的一个事实是一些民间规范中确实存在很多损害基本人权、与法治现代化相悖的情形。刘作翔教授在《具体的民间法》一文中列举了大量的违法人类基本文明的“野蛮”的民间规范，都是作为一种传统的“老规矩”而被传承的。其中有一些民间规范造成了极端的恶性刑事案件，以一些野蛮残酷的做法执行处罚，如“以部族的名义轮奸”“以家族的名义杀人”，将行为人抄家、把通奸的男女沉塘淹死、把盗窃惯犯打死等行为。[1]即便是在法治不断现代化的今天，与法治现代化相悖的民间规范在农村地区、少数民族地区仍有残余。例如，广东地区存在的不平等对待“外嫁女”的民间规范，其本质就是男权利用自己在家庭关系中的优势地位而设立的不平等特权。

民间规范之所以出现这种固化、畸形、恶化问题，并非偶然。民间规范是人们经验传承的结果，源自于行为习惯，而习惯源于人的本性，“近似于通常所说的‘第二天性’，即我们性格构成中那些非天生

〔1〕参见刘作翔：《“具体的民间法”——一个法律社会学视野的考察》，载《浙江社会科学》2003 年第 4 期。

固有但一出生就从社会经验不断学习从而积习很深的东西，它们习惯成自然，仿佛就是我们与生俱来的一样"，[1]而由于人本性中对事物认识的不完全性很容易使自身偏离合理的轨道而走向短视、片面、无知、缺乏反思的状态中，走向原始、简单、非理性的状态，所以这些行为习惯很可能演化为非理性的、不文明的行为规范，甚至是一种"怪癖"。[2]基于这种缺陷引发的问题往往又会由于"路径依赖"或"信息偏离"等原因不断的自我复制强化，形成不良的民间规范，出现消极效果。也正是基于这样的原因，刑事习惯法中往往出现非理性、不文明的内容，对人权的极端漠视，与人道主义背道而驰。

可见，我们面对这样一个情况，一些民间规范在法治现代化中扮演着"破坏者"的角色。首先，我们不能回避这种事实，而是要面对这一问题；其次，我们不能直接完全负担民间规范的正当性。直接完全否定的做法往往会引起后遗症，国家立法应当通过吸收这类民事习惯的合理因素从而强化自身的效力，不能把自己置于与民间规范对立的局面中。因此，关于"野蛮"的民间规范，我们应当分析如何剔除民间规范中的那些明显同法治现代化相悖的因素，促使其健康发展。

（二）通过国家法适度修正民间规范

国家法面对这样的习惯法必须以禁止性规范来矫正其价值观念的错误，通过明确禁止来抑制其发展，以矫正不良民间规范，以促进其运行方式合法化，矫正其实施方式，逐步改造人们对相应问题的看法和做法，以促进社会的良性发展。但是必须注意不能因此否定民间规范本身的合法性。

国家法可以通过制度细节的调整而实现对民间规范的合理修

---

[1] 张洪涛：《法律必须认真对待习惯——论习惯的精神及其法律意义》，载《现代法学》2011 年第 2 期。

[2] 张洪涛：《法律必须认真对待习惯——论习惯的精神及其法律意义》，载《现代法学》2011 年第 2 期。

正。民间规范多元,往往与国家法产生差异,但是二者并非不能融合,可以通过多元规范模式加以调整。例如,赔命价习惯法与国家刑事法治存在冲突,前者是藏族传统文化的产物,后者是现代法治文化的产物,在法治现代化的视角下,赔命价民间规范包含有很多“野蛮”的内容。但是,“作为一种关于秩序规则的民族记忆,‘赔命价’习惯法尽管存在野蛮、无序、稍逊文明,但也存有合理的价值和生存空间。我们不能机械地运用一般性的、现代的法治标准对此武断地做出全盘否定的评价”。〔1〕我们应当首先认真剖析“赔命价”民间规范中的积极元素与消极元素,在国家立法中采取不同的规范模式从细节上对民间规范加以调整,从而实现民间规范与法治现代化的融合。首先,赔命价的纠纷解决程序可以直接纳入司法解决渠道,成为司法调解的一部分,例如吸收部落头人或者宗教界权威人士作为案件调解中的调解委员会成员或者司法审判中的陪审员,在纠纷解决中允许一些宗教仪式性的行为。事实上,在藏区的刑事司法适用中,赔命价的程序性内容已经通过现代司法机关的修正而获得了运用。〔2〕其次,可以将赔命价规范的实体内容中的合理部分作为“赔偿被害人经济损失,取得被害人谅解”的量刑依据,具体额度可以由司法机关调查之后确定标准,使其成为法定量刑依据,从而实现赔命价与国家法的融合。已经有学者依据赔命价的价值依据与规范细节提出了修正的具体方案,“命价”包含了七种费用,其中丧葬费、煞尾费、超度费应当成为赔偿被害人经济损失的内容。〔3〕最后,对于赔命价民间规范中的不合理部分,如完全免除加害人刑事责任、加害人承担无限责任、加害人家族株连责任等,必须禁止。这样,制度细节调整

---

〔1〕 衣家奇:《“赔命价”——一种规则的民族表达方式》,载《甘肃政法学院学报》2006 年第 3 期。

〔2〕 参见淡乐蓉:《藏族赔命价习惯法研究》,中国政法大学出版社 2014 年版,第 166 ~ 173 页。

〔3〕 参见王林敏:《藏区赔命价习惯法与国家刑事法制的冲突与消解》,载《甘肃政法学院学报》2014 年第 6 期。

就作为"安全阀"机制实现对民间规范与国家法冲突的化解,实现二者的融合,一方面尊重和保护了民间规范的文化基础,另一方面促进了国家法的可接受性,形成和谐发展的局面。

这样,通过国家法的调整来吸收民间规范的积极元素,剔除消极元素,促使民间规范成为法治现代化中的内容,而不是对立面。

(三)民间规范在基层社会自治制度中自我调适

通过构建有活力的民间组织,让民间组织成为民间规范自我调适的平台。具体来说有几种路径:第一,适应实践需求而自发吸收新的价值元素的路径。随着法治现代化交通不断完善、信息技术的不断普及,"在生活方式上,乡民社会和乡规民约被城市化浪潮所激荡;在经济运作方式上,乡民社会和乡规民约受市场化趋向所左右;在价值选择上,乡民社会和乡规民约因全球化浪潮的冲击而发生转向"。[1]民间规范自身也会相应的发生转变。例如,江浙地区民间金融规范"合会"的发展中,在现代商业化的社会实践人们产生了改造规范内容的需要,人们这一民间规范与现代法治价值结合起来,吸纳了现代商业的程序正义等价值。"合会人员构成上,从强连带亲属关系圈到以亲属关系为核心扩展到单位同事、生意伙伴、同学、朋友等更大的熟人圈子,相比于过去,当代民间合会在会单制作与合会程序方面逐渐趋向规范",[2]这其中就体现在商业化的社会实践要求下,民间合会吸纳了现代商业的程序正义等价值,民间规范与法治现代化的融合。第二,通过民主程序吸收的路径。例如,在广西大瑶山地区的《大瑶山民族团结公约》,就是大瑶山地区原有的"石牌制"民间规范吸收民主、平等价值理念,以民主公约的形式实现与法治现代化融合的例子。在大瑶山地区原有的"石牌制"民间规范中存在各种不合理元素,"对犯律者,石牌的刑罚有:游村喊寨、逐出村寨、

---

[1] 谢晖:《当代中国的乡民社会、乡规民约及其遭遇》,载《东岳论丛》2004 年第 4 期。

[2] 李学兰:《信任与秩序》,载《山东大学学报》(哲学社会科学版)2008 年第 4 期。

罚款、没收家产、做工抵罪、肉刑、死刑等”。[1]1951 年，在当地政府的组织下，大瑶山地区的瑶族群众通过民主形式形成了《大瑶山民族团结公约》，“在公约中，体现了瑶族习惯法固有的族内成员平等、男女平等价值，同时又将平等扩大到了族系平等、经济平等，使平等的内涵得到了发展。《大瑶山团结公约》的制订从实际出发，尊重瑶民的固有习惯法观念，以瑶族固有习惯法精神为基础，对瑶族固有习惯法的法价值进行了一定的选择，并开拓性地扩展了瑶族固有习惯法的法精神内涵”。[2]原来的“野蛮”的内容通过民主程序得以剔除，但是民间规范本身的权威地位得以保留，这样就可以充分利用民间规范形成的民间秩序权威治理社会，促使民间规范融入法治现代化进程中。

---

〔1〕 韦杨：《〈大瑶山团结公约〉研究》，广西民族大学 2008 年硕士学位论文，第 8 页。
〔2〕 参见高其才、罗昶：《瑶族固有习惯法的现代价值》，载《人民论坛》2011 年第 6 期。

第三章　民间规范价值的多重理论审视

第一节　历史视野中的民间规范价值

一、法学思想史中的民间规范价值

人类思想史达致可以分为前现代、现代、后现代三个阶段，而这三个阶段是以以工业发展为核心的现代社会为标准，即现代工业社会之前为前现代社会，现代工业社会之中为现代社会，现代工业社会之后的信息社会是后现代社会。而现代工业社会的核心思想、主流思潮就是理性主义，因此，相对应的人类思想史可以分为三个阶段，即“前现代社会——理性主义之前”“现代社会——理性主义之时”“后现代社会——理性主义之后”来大致描绘人类思想史的发展轨迹。相应地，民间规范及其价值在三个阶段也呈现出来不同的状态。在“前现代社会——理性主义之前”阶段，尽管世界各地思想流派解说方式不同，但是伦理道德往往是一切哲学的逻辑起点，相应地，代表伦理道德的民间习惯、习俗等民间规范占据了重要地位。在“现代社会——理性主义之时”阶段，启蒙运动带来了“理性高于一切”的思想，理性建构而不是习惯传承成为社会主流，民间规范进入相对衰落的状态。而随之而来的“后现代社会——理性主义之后”阶段，对理性主义的反思促使现象学、语言哲学、商谈哲学等哲学思想获得了认同，主体间性、交往理性概念等让人们再一次关注民间规范及其价值。通过思想史变迁的分析，我们可以看到民间规范价值虽然经历了跌宕起伏，但是始终是法学思想史的重要内容。

（一）"前现代社会——理性主义之前"阶段

理性主义之前的前现代社会，将正义置于最高位置，对道德的追求是人类终极追求，理性仅仅是达致德性的手段。但是，道德、德性的来源不是别的，正是民众价值的表达，是一种民间规范价值，社会必须以民主的方式从民间、从传统中获取价值观念。

古希腊时期的哲人们重视民主制度的构建，这就意味着对代表着民众价值的民间规范及其价值的关注。柏拉图主张从哲人王之治转向法治，"从天上回到人间"，[1]但是，我们必须认识到，柏拉图要回到的"人间"并非国家独断的"人间"，而是民主的人间。因为一旦出现独断就会出现"僭主""寡头""暴民"，要避免这种制度恶化，就必须实现民主，而一旦实现民主，就注定了要关注源自民间的习俗、习惯法等的民间规范价值。柏拉图的法治本身就是一种对民间习惯充分关注的法治，"柏拉图相信，实证法出现以后，法律和习俗在最根本层面依然是相互混合的，那些不成文的习俗'是每个政权的纽带，将所有成文的规定联系起来，包括那些对未来事项的规定……如果这些不成文的习俗得到人们习惯性的遵守，它们就可以为后来的成文提供可靠的保障'"。[2]这也说明，"希腊思想家们显然已经意识到：不同的社会往往有不同的规范，而这又反映了不同的习惯、习俗和价值"。[3]这就说明了希腊时期民间规范及其价值受到一定程度的关注和重视。

古罗马时期的法学思想中，源自民间的习惯法及其价值内涵也是法治的核心要素。十二铜表法就是以罗马习惯法为主要内容，经

---

〔1〕 柏拉图：《法律篇》，张智仁、何勤华译，上海人民出版社 2001 年版，第 3 页。

〔2〕 [美]布赖恩·Z. 塔玛纳哈：《一般法理学：以法律与社会的关系为视角》，郑海平译，中国政法大学出版社 2012 年版，第 14 页。

〔3〕 [美]布赖恩·Z. 塔玛纳哈：《一般法理学：以法律与社会的关系为视角》，郑海平译，中国政法大学出版社 2012 年版，第 15 页。

过公民大会“森都里亚大会”通过而设立的,[1]而习惯法中蕴含的民间价值必然被确定为法治的核心内容。在十二铜表法之后,市民社会的不断成熟再一次为古罗马法中民间习惯法等民间规范的不断生成、发展提供了空间和土壤,尤其是共和国时期,以公民大会为核心的共和制度为民间价值诉求提供了表达渠道。同时,法学家的解释权[2]也成了民间价值诉求被发现的渠道。因此,梅因指出“罗马法典只是把罗马人的现存习惯表述语文字中”,[3]埃利希则指出“当古典时期的罗马法学家提到市民法时,他们所指的是罗马的习惯法”。[4]这说明了古罗马时期民间规范及其价值受到极大的重视。

从古希腊社会、古罗马社会思想潮流的分析中,我们可以看到民间规范及其价值“在早期社会中地位显赫。事实上,不仅仅是西方社会中的古希腊、古罗马,我国古代社会对民间规范也是十分重视,风俗习惯、家规、家训是社会治理重要方式,这些都是民间规范及其价值的重要内容。因此,我们甚至可以认为,在整个古代社会,无论在民事上抑或刑事上,习惯法都处于一种实质权威的地位,在相当程度上支配着甚至替换着制定法的实施,此可谓习惯法的‘权威时代’”。[5]

---

[1] See Edward Gibbon, *The History of the Decline and Fall of the Roman Empire*, Penguin UK, 2014.

[2] 在奥古斯都时代(公元前31~公元前14年),授予若干法学家公开解答的特权。他们意见相同时,则产生法律效力;如相互之间存在分歧,裁判官也要尊重他们的意见酌情判案。之后,在公元426年,东罗马帝国迪奥多西二世和西罗马帝国瓦勒提尼亚努斯三世共同颁布了《引证法》,重新调整了法学家解答法律的权利,它明确规定,五大法学家(盖尤斯,伯比尼安,保罗士,乌尔比安,莫迪斯蒂努斯)的著作都具有法律效力,在各家观点不同时则取决于多数,如果数同,则以伯比尼安的观点为准。

[3] [英]梅因:《古代法》,沈景一译,商务印书馆1959年版,第11页。

[4] [奥]埃利希:《法社会学原理》,舒国滢译,中国大百科全书出版社2009年版,第484页。

[5] 杜宇:《重拾一种被放逐的知识传统》,北京大学出版社2005年版,第18页。

(二)"现代社会——理性主义之时"阶段

随着启蒙运动的展开,人的理性自觉代替了对道德、对传统、对上帝的崇拜,理性主义席卷欧洲。在这样的背景下,人们热衷于破除旧制度,构建理性主义指导的新制度,就像伏尔泰的名言所说"你们要求好的法律吗?把你们现有的全部烧掉,制定新的!"在这样的破旧立新的时代大潮下,饱含道德、传统、风俗等因素的民间规范及其价值就成为了被贬抑的对象。韦伯从经济社会学的角度分析了这一历史潮流的不可抵挡。在人类社会从"克里斯玛型社会"向"法理型社会"转变的历程中,必然要经历"实质非理性——实质理性——形式非理性——形式理性"的发展过程,所以理性化是人类的宿命,这也就意味着民间习惯法等基于传统、风俗的民间规范必须面对被淘汰的命运。因此,在这个时代中,"宗教、自然观、社会、国家制度,一切都受到了最无情的批判,一切都必须在理性的法庭面前为自己的存在作辩护或者放弃存在的权利。思维着的悟性成了衡量的尺度",〔1〕在理性主义的影响下,法律逐渐成为思想家的专利,法律知识成为复杂的专业知识,法律专家成为独立思考的个体,法律的发展可以脱离其自身运作的社会环境,用塔玛纳哈的话说,就是"它们也使得实证法在一定程度上脱离了其所在的社会环境"。〔2〕这也是吉登斯在《现代性的后果》中提出的"脱域"问题——法律在时间上和在空间上的虚化——一切都被格式化为"单一而同步进行的普遍时间模式",理性超越了一切,法律制度都不再有固定的空间地点和确定的时间历史。在这个"脱域"的过程中,基于历史传承与地方风俗习惯的民间规范及其价值就成为了被"脱离"的对象,因为民间规范正是依赖于具体的时空环境、无法与历史决裂的东西。

---

〔1〕《马克思恩格斯选集》(第3卷),人民出版社1976年版,第404页。

〔2〕参见[美]布赖恩·Z.塔玛纳哈:《一般法理学:以法律与社会的关系为视角》,郑海平译,中国政法大学出版社2012年版,第48~62页。

相应地,在德国出现了概念法学的思想,其以理性主义哲学为根基,以演绎推理为法律的逻辑模式,将法律体系构建为一个"概念金字塔",以法律概念为"砖块"推理构建出法律体系的"金字塔",而所有的社会事实都可以涵盖于这一金字塔中,如此一来,推理可以解决掉所有问题,民间习惯法等民间规范就在这样的制度设计中就变得毫无用处。英美法系也出现了排斥习惯法的思想潮流,边沁认为习惯法是"不完全的法",希望建立一种"万全法"(Pannomion),来排除习惯法的"不准确和紊乱",奥斯丁以"法律命令说"将主权者命令视为法律的唯一来源,将习惯法贬为"实在道德"。在19世纪末,美国出现了兰德尔的形式主义法学思想,与概念法学思想的逻辑一样,兰德尔的形式主义法学把法学变成了"图书馆的学问",即用晦涩的技术化语言表述法律权威和教义,学习法律成为埋首典籍的事业,而不是探索社会实践的事业。这种形式主义法学试图将法律变成简单的几何公式,因此,法学就变成了仅需要演绎推理三段论的过程,生长于社会实践中民间规范就成为被忽略的东西。

可见,在这个阶段,理性主义思想几乎垄断着整个法学思想界,而以社会实践、经验传承为根基的民间规范及其价值进入了一个低谷期。

(三)"后现代社会——理性主义之后"阶段

进入20世纪后,现象学、语言哲学、存在主义、商谈哲学等思潮逐渐兴起,理性主义逐渐受到批判,人们开始认识到对理性主义的绝对崇拜也是一种迷信,"理性的同一性放逐和排斥了'理性的他者';理性的主体性以解放主体的旗帜造就了体制对主体的奴役;理性的建构性以推动人类进步为名义施加了专制主义的统治和殖民主义的压迫",[1]用韦伯的话说就是人们进入了"理性的铁笼",因此超越

---

〔1〕 高鸿钧:《走向交往理性的政治哲学和法学理论——哈贝马斯的民主法治思想及对中国的借鉴》,载《政法论坛》2008年第5期。

理性主义成为普遍的认识。相应地,在法学思想界,对理性主义的反思“使得法学的科学属性大打折扣,同样,这也意味着我们能否通过‘科学方法’完成对法律的认知,建构一套‘科学的法学理论’值得怀疑”,[1]这也为民间规范的重新兴起提供了思想根基。

哈贝马斯的商谈哲学理论认为,我们应当破除主客二分的樊篱,认识到“主体间性”的重要意义,通过交往理性而不是逻辑理性来构建社会秩序。主客二分是启蒙理性的主要特点,通过抽象思考,将人设置为逻辑上的主体,将客观世界设置为与主体相对应的客体,“19世纪各自解释思考的都是抽象的人,而不是具体的人”。[2]但是,主客二分只能在思考、冥想中存在,而在实际生活中,主观与客观是处于不断互动状态中,不可分离的。主客二分导致的问题就是忽视生活世界中的交往实践,以抽象人代替真实的人。因此,商谈哲学的关键就在于将抽象人还原为真实的人,强调和凸显人的“交往理性”,以主体间的平等沟通、平等交往为秩序的源泉而不是独断者的逻辑推演。交往理性“使人走到一起,但又不失去他们之间的差异,使他们联合起来但又不将他们一体化,在彼此陌生的人中寻找共同性但又不使他者失去自己的他性”,[3]因此商谈哲学的目的是主体间共识的构建,而这就决定了其构建秩序只能源自主体自发交往而非国家命令构建,但是主体自发交往形成的秩序是什么呢?所形成的规范是什么呢?必然是民间秩序,民间规范。民间规范而不是国家法更能够彰显交往主体的主体地位和价值诉求,通过交往实现公正,而非国家法构建公正,这实际上是用民间规范的方式重构了公正的含义,将民间规范主体的价值追求融入秩序构建中。哈耶克在对制度经济学的研究中指出,由习俗、习惯和惯例而形成的秩序和规则具有否定性、抽象性和目的独立性的特征,而那些由立法机关制定的法和

---

[1] 谢晖:《法律意义的追问》,法律出版社 2016 年版,第 1 页。

[2] [美]庞德:《法律史解释》,邓正来译,中国法制出版社 2002 年版,第 174 页。

[3] [德]哈贝马斯、米夏埃尔·哈勒:《作为未来的过去——与著名的哲学家哈贝马斯对话》,章国锋译,浙江人民出版社 2001 年版,第 119 页。

外部秩序、外部规则具有明确肯定性、具体性和目的依附性的特征，因此，习俗、习惯和惯例是主体自我实现的结果，而后者则是立法者的设计的结果，因此，习俗、习惯和惯例——即民间规范——更能够体现和保障人的自由。法经济学也对对民间规范的重要意义进行了充分的阐发。科斯通过对成本效益的分析指出，非正式规范能够减小秩序的边际成本，促进秩序效率的帕累托改进。在《企业、市场和社会》中他分析指出，大而全的正式制度并不能实现效益最优化，非正式制度是制度构建中必然存在，也必须存在的东西。〔1〕社会学家的“社会资本”理论〔2〕同样证实了复杂多元社会治理需要民间规范的作用，现代社会中个人自主与秩序构建的协调需要民间规范，否则就会出现无形的损耗和浪费，其结果只能给人类社会造成损失。帕特南在意大利的调查说明，传统、习俗等民间规范是“使民主运转起来”的关键因素，具有决定性的意义。〔3〕福山在美国社区的调查发现，民间规范的缺失导致民主活跃度降低，导致民主社会秩序的消解，呈现出“大分裂”的局面。〔4〕法社会学与法人类学更是揭示了民间规范的重要意义。昂格尔通过对中国与西方国家的习惯法比较研究指出了民间规范的重要意义，西方国家“制定法与习惯法没有进行短路式的接合，两者之间通过程序、法解释学技术以及职业法律家等的媒介作用而成为统一有机整体”，〔5〕因此才走上了现代法治之路，而中国没有实现习惯法与国家法的有机融合，最终走上了人治的道路。法人类学学者如埃里克森则通过在美国牧区的社会调查揭示

〔1〕 参见[美]科斯:《企业、社会和市场》,盛洪,陈郁译,三联出版社 2010 年版,第 113 页。

〔2〕 这里的“社会资本”指的是个体或团体之间的关联——社会网络、互惠性规范和由此产生的信任,是人们在社会结构中所处的位置给他们带来的资源。

〔3〕 参见[美]罗伯特·D. 帕特南:《使民主运转起来:现代意大利的公民传统》,王列、赖海榕译,江西人民出版社 2001 年版。

〔4〕 参见[美]福山:《大分裂:人类本性与社会秩序的重建》,刘榜离、王胜利译,中国社会科学出版社 2002 年版。

〔5〕 [美]昂格尔:《现代社会中的法律》,吴玉章译,中国政法大学出版社 1994 年版,第 3 页。

了社会秩序的形成往往“无需法律”，民间规范中蕴含着秩序价值理念往往比国家法型构的秩序更为有力。〔1〕

可见，在对理性主义进行反思之后的法学思想界重新认识到了民间规范及其价值的重要意义，现代法治的秩序形成与价值构建都离不开民间规范，民间规范在思想层面获得了新生，在制度层面获得了空间。

总的来说，从思想史发展的三个阶段，即“前现代社会——理性主义之前”“现代社会——理性主义之时”“后现代社会——理性主义之后”中我们可以看到民间规范价值的发展轨迹与发展趋势，从被古典哲学置于核心地位到被理性主义贬抑排斥，再到后现代时代重新获得生机。民间规范价值经历了跌宕起伏后，在现代社会重新获得了重视，也比人在法治建设中获得更多关注。当然，我们必须、同时也要看到，在实质上，民间规范价值的思想根基已经发生了根本变化，不再是古典社会中的道德、礼俗，而是现代社会主体意识觉醒和社会治理多元化的需求。

二、立法历史中的民间规范价值

立法实践的历史中，民间规范价值也始终作为重要考量因素。历史上的立法活动对民间规范价值吸收，或者说民间规范价值通过立法被纳入法治建设中并不罕见。

（一）古代社会中立法对民间规范价值的吸收

古代社会中的民间规范是立法的主要内容来源，民间规范价值也是立法者们关注的重要内容。古希腊社会将城邦正义置于政治哲学的最高位置，对正义的追求也是立法者的终极追求。而城邦的正义正是以民主的方式从民间、从传统中获取价值内容，因此是民众价

〔1〕 参见［美］埃里克森：《无需法律的秩序：邻人如何解决纠纷》，苏力译，中国法制出版社 2003 年版。

值的表达，是一种民间规范价值。这一点可以从柏拉图的政治学理论中得到说明。柏拉图从哲人王治理转向法律之路是“从天上回到人间”，〔1〕但是，我们必须认识到，柏拉图要回到的“人间”并非国家独断的“人间”，一旦出现独断就会出现“僭主”“寡头”“暴民”，要避免这种制度恶化，就必须实现君主制与民主制的混合，这也注定了源自习俗、习惯法等的民间规范价值对德性构建的实质支持。柏拉图的法治也必然是一种包含了民间习惯、民间规范的法治，所以，“柏拉图相信，实证法出现以后，法律和习俗在最根本层面依然是相互混合的，那些不成文的习俗‘是每个政权的纽带，将所有成文的规定联系起来，包括那些对未来事项的规定……如果这些不成文的习俗得到人们习惯性的遵守，它们就可以为后来的成文提供可靠的保障’……希腊思想家们显然已经意识到：不同的社会往往有不同的规范，而这又反映了不同的习惯、习俗和价值”。〔2〕

古罗马时期的法学思想中，源自民间的习惯法及其价值内涵也是法治的核心要素。从内容上看，古罗马十二铜表法内容源自市民的民间规范，“罗马法典知识把罗马人的现存习惯表述于文字之中”，〔3〕因此，古罗马的法典本质上是习惯法的汇编，相应地，习惯法中蕴含的民间价值诉求也就成为了法治的核心内容。从程序上看，法律通过公民大会等程序设立，这就为古罗马法中民间习惯法等民间规范的不断生成、发展提供了土壤，以公民大会为核心的共和制度为民间价值诉求提供了表达渠道。同时，法学家的解释权也成了民间价值诉求被发现的渠道。公元426年，东罗马帝国迪奥多西二世和西罗马帝国瓦勒提尼亚努斯三世共同颁布了《引证法》，这部法律重新调整了法学家解答法律的权利，它明确规定，五大法学家（盖尤斯、伯比尼安、保罗士、乌尔比安、莫迪斯蒂努斯）的著作都具有法律

〔1〕 柏拉图：《法律篇》，张智仁、何勤华译，上海人民出版社2001年版，译者的话第3页。
〔2〕 [美]布赖恩·Z.塔玛纳哈：《一般法理学：以法律与社会的关系为视角》，郑海平译，中国政法大学出版社2012年版，第14～15页。
〔3〕 [美]梅因：《古代法》，沈景一译，商务印书馆2000年版，第4页。

效力。而众所周知,古罗马法学家的理论以市民社会理论为根据,主张以市民社会自发形成的规范来治理国家,而这些市民社会自发形成的规范是民间自发形成的,属于民间规范的范畴,所以法学家的解释权成为了民间规范进入立法的渠道,同时也成为民间规范价值进入立法的渠道。

立法吸收民间规范价值在中国古代社会中也有例证,如作为国家制度的"礼"实际上就是民间习惯的总结,"从礼的内容来看,不论是《仪礼》还是《礼记》,都直接记载了大量的风俗习惯,是人们日常行为中的行为准则"。[1] 随着"以礼入法"的展开,民间习惯的精神被意识形态化,失去原有的活力,但是其渊源于民间习惯性规范是一个不可否认的事实。总之,古代社会中民间习惯规范及其价值与立法的关系较为紧密,立法往往需要从民间规范中寻找资源和依据。

(二)近现代社会中立法对民间规范的吸收

在近现代的立法中,在理性主义的洗礼下排斥民间规范成为一种潮流,但是随着人们对理性主义的反思,立法对民间规范的态度也从绝对排斥转变为了适当吸收,民间规范价值在立法中仍然扮演着重要角色。

理性主义运动早期,比较典型的贯彻启蒙理性的法典之一是《法国民法典》。在理性主义理念指引下,《法国民法典》毫无疑问是对民间规范持否定态度的,民间规范仅仅作为社会经验不能与理性的法典相提并论,因此在法典公布后,旋即规定"自现今个法律适用之日起,罗马法规、国王敕令、一般习惯和地方习惯均失去一般法律和专门法律的效力"。但是,这一表象掩盖了民间规范作为民法典关键元素的事实,造成了诸多的误解。事实上,民间规范在《法国民法典》编纂中是核心内容,"民法典之所以能够在极短的四个月的时间内制定出来,习惯法之所以能被有效的整合进民法典中,与法国历

[1] 张洪涛:《使法治运转起来》,法律出版社2010年版,第113页。

史上一直持续不断地进行习惯法收录、汇编、整理以及有关习惯法的‘普通法’和习惯法的法典化研究不无关系”。[1]《法国民法典》编纂之前的习惯法汇编可谓多种多样、形形色色，既有法学家私人编纂的《博韦习惯法》《诺曼底习惯法》《巴黎习惯法》等，也有法院组织编纂的《巴列门习惯法》，还有国王组织的经由议会审查的习惯法汇编。“杜穆林以及他无数的追随者不仅致力于习惯法编纂以及此后的习惯法‘改革’，同时也耗费了无数的时间试图将各不相同的习惯法统一为一个整体的文本或将习惯法与罗马法同化，这一最初几近无望的努力最终证明为是可行的，他们的努力产生了统一的法典”，[2]而作为法国民法典之父的波蒂埃指出“只不过把杜穆林曾用拙劣的拉丁文表述过的东西，不时用优雅的法语表达出来而已”。[3]据此，学者指出：“在最本质、最宽泛意义——习惯的精神层面而不是制度层面——上，法国民法典可以说是习惯法的结晶，是近现代制定法时代结出的一个‘异果’。”[4]法的价值通过制定法律条文、构造法律秩序来体现，既然如此，我们可以得到一个基本的推论：在法典中关于市场交易、家庭伦理等等的核心内容中必然都吸收了法国习惯法中的价值追求。规则体系中融入了启蒙时代理性精神的同时也融入了习惯法的价值，这才是《法国民法典》编纂的本相。

进入20世纪后，法典编纂对民间规范就转向了包容态度。1911年《瑞士民法典》从法律条文上明确对民间规范吸收，其中规定：“法律无规定之事项，法院应依习惯法裁判。”其后，《意大利民法典》等也明确规定了习惯法的正式法律渊源地位。日本法典编纂中不仅将习惯法明确规定为法律渊源，而且在一些法律中，比如商法典，规定了商事习惯法优先于民法典适用。对习惯法的吸收在我国民国时期的法典编纂中也明确规定：“民事法律所未规定者，依习惯”。如果

---

〔1〕 张洪涛：《使法治运转起来》，法律出版社2010年版，第94页。
〔2〕 陈颐：《立法主权与近代国家的建构》，法律出版社2008年版，第51页。
〔3〕 [日]大木雅夫：《比较法》，范愉译，法律出版社1999年版，第168页。
〔4〕 张洪涛：《使法治运转起来》，法律出版社2010年版，第97页。

说这些法典用概括性条款吸收民间规范只能说明立法对民间规范价值还是潜在、间接吸收的话,《日本民法典》则直接以具体规范的形式表现了对民间规范价值的吸收。例如,《日本民法典》将日本传统家庭习惯法纳入了法典中,在家事法方面对家族伦理的充分尊重。在法典编纂中,“断行派”和“延期派”之间争论的焦点问题就是对匆匆形成的民法典忽视民事习惯,导致了其与社会生活的脱节。由此引发了法典编纂是否延期推行的“法典之争”,穗积八束指出“民法出、忠孝亡”,以此来强调已经渗入民间的价值观念不可忽视。最终,受争论期间出现的瑞士民法典的影响,最终延期派战胜了断行派,使民法典吸收了家庭民事习惯及其内涵的忠孝等价值理念,对民间习惯规范价值的重视成为日本民法典的突出特点。类似的还有我国台湾地区民事立法对民间规范价值的认可。例如,对民间金融规范的法典化吸收,1985 年 3 月 23 日,台湾地区“民法研究修正委员会”财产法组提出了对民间合会法典化的提案,1993 年 9 月 9 日第 651 次会议讨论民法债编施行法修正草案,议决新增“合会”一节。1999 年 4 月 2 日台湾地区“立法院”三读通过后,自 2000 年 5 月 5 日起实施。合会这一民间金融规范就成为了正式法律,[1]其中和会规范中的中国传统价值观念就进入正式立法中。另外,还有在《客家基本法》中在客家人界定、客家文化保护等方面以客家习惯法为基本依据进行立法,[2]也体现了对客家民族民间规范价值吸收。

英美法系的法典编纂也重视民间规范价值的吸纳。较为典型的就是《美国统一商法典》的制定中,民间规范价值作为关键性因素而发挥作用。卢埃林在《统一商法典》编纂中,从解决商事纠纷、维护商业秩序这一功能性目的出发,指出法典要吸收具有价值性目的性因素的商事习惯,即法典必须吸收民间规范中的价值诉求。卢埃林

---

〔1〕 参见陈荣文:《台湾地区合会法制变迁探析》,载《台湾研究集刊》2005 年第 2 期。

〔2〕 参见祝捷:《台湾地区客家运动的法制叙述——以“客家基本法”草案为例》,载《福建师范大学学报》2010 年第 3 期。

甚至提出了“原则性法典”的主张，其目的正是要将国家法之外的民间规范通过任意性规范、授权性规范等吸纳进入法律，以避免法律的僵化，“从（正在运作的整体视域）‘working whole view’”[1]的视角看，法律不能被割裂的考察，而必须与社会“情景”作为一个整体来考察，而民间规范价值就成为了一个不可或缺的因素，必须将民间规范中的价值因素纳入法治整体中。

总之，民间规范价值在立法实践的视野中始终占据着重要的地位，而立法吸收民间规范价值的理论基点在于对民间规范价值的吸收体现的是对公民主体地位的尊重。因此，法治中的立法活动必须保持对民间规范价值关注，才能发现人的价值诉求，保障人的主体地位。

三、司法历史中的民间规范价值

（一）英美法系的考察

“诺曼征服”之后的不列颠并未取得制度上的统一，到了亨利二世时期仍然是各地领主在自己领地内自治，而各个领地都有自己的法庭。与王室法庭同时存在的还有大量封建领主法庭、教会法庭、郡法庭、百户区法庭等。在这样的情形下，王室法庭是一个“竞争者”的角色进入英国司法制度中的，所以，“亨利二世时期的‘司法令状’制度最初被采用时并没有用王室法庭取代封建领主法庭之目的，仅仅是通过王室法庭提供的一种复审机会来监督领主法庭，也是为了尽力招徕司法诉讼以增加王室收入”。[2] 因此，王室法庭的司法裁判事实上是作为一种“服务商品”而进入了“司法市场”中，与其他法庭进行竞争。王室法庭最终能够战胜竞争者、“抢占市场”而取得最

---

[1] Karl Llewellyn, “The Normative, the Legal, and the Law - jobs: the Problem of Juristic Method”, *Yale L. J.* 49, 1940, p. 1380.

[2] 钱承旦、许洁明：《英国通史》，上海社会科学院出版社 2012 年版，第 55 页。

终的权威地位，依靠的就是对民间规范及其内在价值的吸收，这种吸收一方面在法律渊源中，另一方面体现在司法模式中。

1. 在法律渊源上的吸收。在对各地的巡回审判中"司法官所实行的法律都是源自民间的判例和习惯"。"王室巡回法官在他们的巡回审判过程中将广泛差异的地方习惯融为一种普通的习惯。一段时间以后，王国的普通法便作为习惯法的同义词使用"，[1]内涵于其中的民间规范价值理念，如家庭伦价值、商业伦理价值就被带入了正式司法裁判中而获得国家司法认可。同时，对习惯法的渊源地位的强调还体现在"遵循先例"原则，即法官必须从判例中寻找裁判依据，普通法院判例法审判传统正是遵循先例中的民间习惯规范。"这是一种通过特殊化建构普遍主义的方式，或者更准确地说，是通过吸纳特殊性因素，将它们作为迈向普遍主义的动力。"[2]通过技艺理性而非逻辑理性将不同的价值包容进来，避免独断，正是这种对民间习惯法价值的尊重促使"原告们那种背离地方法庭而转投王室法庭的不可遏制的欲望"，[3]民众的价值得到尊重和保护，普通法院才最终获得了司法权威。

2. 在庭审模式上的吸收，即通过对抗式诉讼模式，让参与案件的原被告双方以直接的、言词的方式进行充分的举证、质证、论证，使原被告双方对法律的认识得到表达和尊重，民间规范的内容得到了张扬，将当事人所偏好的民间规范引入了法院裁判过程，不仅将植根于人们的生活历练、文化传统和情感体验纳入司法过程，而且通过直接言词的对抗式庭审尊重和吸收民间习惯法的精神、价值理念。"实施法律成为通过个体之间——例如，法院中法官和辩护人、警察和嫌疑犯、监护官和违法者、律师和当事人之间——的互相作用中对

---

〔1〕 钱承旦、许洁明：《英国通史》，上海社会科学院出版社 2012 年版，第 55 页。

〔2〕 李猛：《除魔的世界与禁欲者的守护神：韦伯社会理论中的"英国法"问题》，载李猛主编：《韦伯：法律与价值》，上海人民出版社 2001 年版。

〔3〕 [比]范·卡内冈：《英国普通法的诞生》，李红梅译，中国政法大学出版社 2003 年版，第 43 页。

法律含义的协商过程,这种协商确定了有关适当行为和期望的许多非正式规则,它们决定法律书籍中正式规则的'真正'作用和意义。"[1]这种司法过程充分吸收了民间规范价值,因此获得了广泛的接受,正如布莱克斯通所指出的,"我们之所以自由,是因为治理我们的法律是我们自己的……我们的自由不是因为我们拥有它,支配它,有权使其为我所用,而是我们感觉完全与之融汇在一起,它成为我们内在生活的一部分,我们完全参与了它"。[2]

英美法系国家的司法制度中,民间规范价值的关注与吸收已经成为一种成熟的机制。"普通法之所以具有权威,是因为它的规则和实践都与它所属的这个民族的生活与历史相关……普通法反映了民族共享的价值观,以及人们对于'合理性'以及'公共之善'的理解"。[3]"由于它将吸引非职业者的参加同对于专职司法机构的权威的尊重结合在一起,使非职业者参加司法程序,推动了民众价值和情感的输入,不仅使司法产品合法化,而且也使法律制度本身合法化。"[4]

(二)大陆法系的考察

由于建构理性主义传统以及法典化传统,大陆法系的司法制度中依赖制定法,排斥民间规范,例如,前文曾提到的法国革命者将法国民法典视为理性设计的完美作品,"罗马法规、国王敕令、一般习惯和地方习惯均失去一般法律和专门法律的效力",这就将民间规

---

〔1〕 张洪涛:《习惯在我国司法中制度命运的制度分析——一种纯理论的探讨》,载《民间法》2009年第1期。

〔2〕 布莱克斯通语,转引自萧然:《法律下的自由何以可能——对哈耶克法律理论特别是其"普通法"研究的一个批判性阅读》,载 http://www.aisixiang.com/data/8968.html,最后访问日期:2018年12月20日。

〔3〕 [美]布赖恩·Z.塔玛纳哈:《一般法理学:以法律与社会的关系为视角》,郑海平译,中国政法大学出版社2012年版,第114页。

〔4〕 [美]埃尔曼:《比较法律文化》,贺卫方、高鸿钧译,清华大学出版社2002年版,第165页。

范排除出了司法范围。韦伯甚至根据法律形式理性化的趋势作出了“机器司法”的预言——法院变成法律的自动售货机,法条就是司法的唯一依据,所有非正式规范都被排除出司法之外。

但是,排除民间规范的法典和理论最终都没有能够成为现实,法官从来也不是法律的自动售货机。在法国,民间规范及其价值始终活跃在司法体系中。正如托克维尔指出的,在大革命之后,“在那里我发现了活生生的旧制度……旧制度有大量法律和政治习惯……在几年后重又出现”。〔1〕马克思曾说“法官除了法律就没有别的上司。法官的责任是……根据他对法律的诚挚的理解来解释法律”,〔2〕他所强调的法官恰恰是对民间规范进行充分考察之后的进行“诚挚的理解”,在司法场域中就意味着法官必须对社会中存在的民间习惯规范充分尊重,在《关于林木盗窃法案的辩论》一文中,马克思明确指出了维护民间习惯规范中习惯权利的必要性,民间规范构筑的民间正义、民间秩序是司法中不可忽视的重要内容,法治的正义不是别的,正是民间规范定义的正义。

尤其值得一提的是,罪刑法定主义主导的刑事司法也必须尊重民间规范价值。由于法条普适性与社会事实特殊性之间的矛盾,刑事司法也往往需要作为“地方性知识”的民间规范价值的支援。民间规范价值是一定范围内民众对某些事物或价值判断形成的共识,此共识就可以作为事实判断的依据,来帮助法官确定犯罪事实。这种支持体现在违法性的审查中,例如“《德国刑法典》第226条A款规定,被害人同意之伤害不处罚,但以不违背良好风俗为限……何为‘不违背良好风俗’则取决于对当地风俗习惯的具体理解和把握”;〔3〕还体现在有责性的审查中,“习惯法作为一种超法规责任阻却事由的运用,为法官在司法中妥善化解刑法与情理的冲突,提供一

〔1〕[法]托克维尔:《旧制度与大革命》,商务印书馆1992年版,第31~32页。
〔2〕《马克思恩格斯全集》(第1卷),冯棠译,人民出版社1956年版,第76页。
〔3〕杜宇:《重拾一种被放逐的知识传统——刑法视域中“习惯法”的初步考察》,北京大学出版社2005年版,第203页。

种极为重要的渠道和途径”,“根据《德国刑法典》第 292 条规定的‘可捕猎动物’的理解上,习惯法规则起到了相当重要的作用”。[1]而在日本恰恰出现了“狸貉异同案”,在审理中法院依据当地“狸”“貉”同称的习惯认定被告人不存在明知的主观故意,从而避免了冤抑。[2]

总之,经过历史考察可以得出一个结论:以民间习惯法为主要载体的民间规范价值始终是司法制度中的重要元素。这一点不仅伴随了英美法系国家的司法制度产生、发展的每一阶段,而且在大陆法系国家的司法制度发展历程中也反复地得到体现。

第二节　法治现代化视野中的民间规范价值

一、民间规范价值与法治现代化对立思维分析

《共产党宣言》曾作出这一个判断,现代化浪潮的后果必然是“各民族的精神产品成了公共财产,民族的片面性与局限性已经日益成为不可能”。[3]事实上,这一判断已经成为经过实践检验的、摆在我们面前的事实。对于极具地方性、民族性的民间规范而言,也是不争的事实,随着法治现代化交通不断完善、信息技术的不断普及,“在生活方式上,乡民社会和乡规民约被城市化浪潮所激荡;在经济运作方式上,乡民社会和乡规民约受市场化趋向所左右;在价值选择上,乡民社会和乡规民约因全球化浪潮的冲击而发生转向”。[4]所以,似乎法治现代化与民间规范是对立的关系——法治现代化不成熟的时候,民间规范才有存在的空间,民间规范价值也才

---

〔1〕 杜宇:《重拾一种被放逐的知识传统——刑法视域中“习惯法”的初步考察》,北京大学出版社 2005 年版,第 203 页。

〔2〕 参见陈文华:《民间习惯对刑事司法事实的救济》,载《民间法》2016 年第 1 期。

〔3〕 《马克思恩格斯文集》(第 2 卷),人民出版社 2009 年版,第 35 页。

〔4〕 谢晖:《当代中国的乡民社会、乡规民约及其遭遇》,载《东岳论丛》2004 年第 4 期。

有存在的可能性，法治现代化越发展完善，民间规范及其价值越萎缩，持此观点的人不在少数。

具体来说，将民间规范及其价值与法治现代化对立起来的观点有三种类型。第一种，法治现代化必然否定、轻视民间规范及其价值。如学者指出的，当代中国制定法轻视习惯法的原因在于不断推进的法治现代化进程，“最具支配力的一个因素可能是中国的法治现代化”。[1]因此，法治现代化发展过程中，法治现代化的发展方向决定了在立法者眼中民间规范及其价值是被忽视的对象。第二种，民间规范及其价值必然成为法治现代化的阻碍。这种观点认为，民间规范是不成熟的“土办法”，民间规范价值是代表旧文化、旧传统的精神糟粕，是对法治现代化的反动、抵触甚至解构。民国时期胡适、胡汉民、王伯琦、彭时等人都主张去除民间习惯，将其内涵、价值连根拔起，从观念上、根源上彻底消除民间传统价值观。在他们看来，传统民间规范具有痿痹个人自由、阻碍社会进步的作用，因此主张新的法治体系“定于革命政府之下，含有不因袭古代陈规的改造性，正应该将数千年来封建社会所残留的万恶思想习惯一举廓清”。[2]这种思想始终存在，延续至今，典型的表现就是 2012 年的周口平坟事件、2018 年的江西抢棺事件，都是以丧葬制度法治现代化为旗号，将民间规范的存在和民间规范中的价值传统视为社会发展阻碍，将人为地、强行地、暴力地推行移风易俗视为破除阻碍。第三种，法治现代化必然要改造民间规范及其价值。民间规范的存在是法治现代化尚不成熟的表现，因此民间规范只是作为暂时的替代性工具加以利用，一旦法律体系构建完善了，民间规范就会失去存在意义而消失。例如范愉曾指出：“将民间规范的存在视为前现代或历史发展中逐渐消亡的现象”在“国家法逐步渗透到基层的每一

---

〔1〕 苏力：《当代中国法律中的习惯》，载《法学评论》2001 年第 3 期。

〔2〕 孔庆平：《关于习惯与法律关系的误会——民国立法中的一个争论》，载《北方法学》2008 年第 5 期。

个角落之后，民间社会规范必然走向消亡，而现代意义上的自治也只能严格依照法律”。[1]这里明确地将民间规范定位于业余、落后、守旧的角色，民间规范中蕴含的价值诉求也是落后的，因此，应该通过改造民间规范来促进法治现代化发展。民间规范不可能逃避被法治现代化改造最终走向消失的命运。

这三种观点将民间规范与法治现代化对立起来，其根本原因在于将法治现代化等同于了理性化，法治现代化等同于法典化。这其实就是前文中提到的法学思想史中“现代社会——理性主义之时”阶段中独断理性主义思想的具体化再现。这种理性主义思想通过主客二分将交往主体的实践情境悬置，试图通过抽象的逻辑来构建一个自足的法律体系，最终目的是形成成文的法典。这种思想认为人的理性是完美的，而通过逻辑分析而建构的法典是人类理性的产物，因此必然是最完美的。所以，必须将这个体系视为普遍标准，依照这个标准改造全世界。相应地，社会法治现代化的过程就是理性主义霸权征服一切的过程，法治现代化的过程就是法典征服、改造民间规范的过程。这一判断可以说就是哈贝马斯意义上的“理性向生活世界殖民”。因此，通过法律一统天下似乎也顺理成章，民间秩序失去了存在的社会基础，成为“远去的传统”，“以理性设计为主要来源的国家实证法占据了法律体系的主要地位，而表达着‘传统’的诸多习惯法的生存空间被剥蚀。尽管在情感上颇显无奈，但从长远来看，这却是文明转型的必然结果”。[2]所以，法治现代化与民间规范是对立的，民间规范必须向“现代性”投降，实现从“低级形态的民间规范”进化为“高扬法治理想的话语”。[3]这种对待民间规范的态度就是格莱恩所指出的正式规范对习惯的俘获、重构、排斥的处理态

---

〔1〕 范愉：《民间社会规范在基层司法中的应用》，载《山东大学学报》（哲学社会科学版）2008年第1期。

〔2〕 刘祥超：《远去的传统与理性的法律——“文明转型”的法哲学解读》，载《民间法》2014年第1期。

〔3〕 参见魏治勋：《民间法思维》，中国政法大学出版社2010年版，第92页。

度——以“现在论”的视角去重构非正式传统，使其成为符合现代性标准的规范体系。[1]这一过程的核心就是以“现在论”的标准对非正式传统进行选择和重构。这种选择以观念为基础，因此必然要贬低源自于经验、历史传承的民间规范，并与之保持距离，“将非正式传统视为本质上是原始的并尽可能快地应当予以消除的对象”。[2]在这样的法治现代化过程中，“习惯的内容被博学的学者们篡改并被重新阐述，那些控制了笔的人也就控制了语词”，据此立法者们往往“以现代国家的强制力通过篡改和重新阐述达到改造非正式法律传统”，[3]这一过程的核心就是以“现在论”的标准对非正式传统进行选择和重构，从法治现代化的视野中去衡量过去以断定什么是有价值的，非正式法就被视为“他者”而成为法治现代化世界的“问题”。正是在这样的逻辑下产生了“法治现代化必然否定、轻视民间规范”“民间规范必然成为法治现代化的阻碍”“法治现代化必然要改造民间规范”的认识。

那么在这样的逻辑下，将法治现代化与民间规范及其价值对立起来是否正确呢？

二、将民间规范价值与法治现代化对立的错误

事实上，主客二分只能在思考、冥想中存在，而在实际生活中，主观与客观是处于不断互动状态中，不可分离的。如前文对法律思想史中分析的那样，“后现代社会——理性主义之后”阶段已经超越了“现代社会——理性主义之时”阶段，人们已经认识到主客二分导致的问题——忽视生活世界中的交往实践，以抽象人代替真实的人，对这一问题加以反思之后，人们早已超越了理性主义的桎梏，将抽象人

---

〔1〕 参见[加]帕特里克·格莱恩：《对“习惯”的俘获、重构和排斥》，魏治勋译，载《民间法》2013第1期。

〔2〕 参见[加]帕特里克·格莱恩：《对“习惯”的俘获、重构和排斥》，魏治勋译，载《民间法》2013第1期。

〔3〕 魏治勋：《民间法思维》，中国政法大学出版社2010年版，第8页。

还原为真实的人，强调和凸显人的“主体间性”“交往理性”。因此，现代法治秩序构建以主体间的平等沟通、平等交往为秩序的源泉而不是以独断者的逻辑推演为源泉。所以，法治现代化的含义早已发生了变革，当下法治建设的“法治现代化”早已不是彼时的以启蒙哲学理性主义的“法治现代化”，再将法治现代化与民间规范及其家价值对立起来就会出现诸多谬误。

第一种观点——法治现代化必然否定、轻视民间规范及其价值——的错误之处。

事实上，法治现代化不但不能否定、轻视民间规范，恰恰相反，法治现代化的发展需要肯定、重视民间规范，需要民间规范繁荣昌盛。马克思对国家与市民社会的分离以及市民社会的重要性早有论断，市民社会是“始于与政治国家的现实分离，它是与政治国家相对应的分析范畴，它表征市场经济条件下的私人生活领域和社会自主组织”。[1]因此，在《关于林木盗窃法案的辩论》一文中马克思明确指出了维护的民间习惯规范中人民习惯权利的必要性和重要性。现代社会是市场经济社会，因此社会治理要获得良好效果，就必须释放市民社会的活力，就必须肯定、重视民间规范。而且从实证考察的角度看，在现代社会中，民间规范并没有如学者们想象的那样消失，反而在不断的成长，例如埃里克森所描述的夏斯塔县，就处于“美国这个高度发达的现代资本主义社会……加州这个美国经济最繁荣的

[1] 与政治国家相对应的市场经济条件下的私人生活领域和社会自主组织。此含义的市民社会产生于与政治国家的现实分离，“私人所有摆脱了共同体”，“整个商业生活和工业生活”开始与国家相分离。马克思在《黑格尔法哲学批判》中把封建社会时期的市民社会称为“旧市民社会”，中世纪“市民社会的等级和政治意义上的等级是同一的，因为市民社会就是政治社会”。这也就是从古希腊到近代契约论思想家所使用的传统意义的市民社会，它与政治社会是同义的，它存在于市民社会与政治国家高度重合的状态中。而“新市民社会”始于与政治国家的现实分离，它是与政治国家相对应的分析范畴，它表征市场经济条件下的私人生活领域和社会自主组织。参见郁建兴：《马克思的市民社会概念》，载《社会科学研究》2002 年第 1 期。

州”，但是却出现了依靠民间规范而“无需法律的秩序”。[1]所以，法治现代化不但不能否定、轻视民间规范及其价值，还必须正视、重视民间规范及其价值。

第二种观点——法治现代化必然要改造民间规范及其价值——的错误之处。

首先，多元规范之间没有先进落后之分，都应当受到尊重。“对于生活于其中的人们而言，非正式传统就是他们自己真正的制度，只是在法治现代化语境中，这些制度才被贬低为所谓的习惯。”[2]在当下对法治现代化定义中，并不是国家包揽一切，而是多元治理与善治。因此，必须在一定的限度内对多元规范采取尊重和包容的态度，让其在合理空间内发展。而且随着文明形式的变化，民间规范自身不断发展完善，“不是农耕文明留下来的传统的、简陋的、静态的、自上而下的单向度压制性强控，而是和商贸文明相融洽的、新型的、动态的、互相的自治性合作”。[3]因此，民间规范及其价值是法治现代化中的重要元素之一，其本身就是法治现代化的内容，尤其在一个族群多元、文化多元的国家内部，多元规范之间应当合理互动，共同发展，而不是将民间规范定位为落后文化，改造民间规范。

其次，必须回答的是谁改造谁的问题。“法治现代化必然要改造民间规范”的观点将民间规范预设为落后因素，国家法预设为法治现代化的代表，主张用国家法改造民间规范。但是，前面已经提到，由于民间规范源自基层社会，对现代社会的变化的感知与应对更加快速、直接，如网络民间规范，科技性、专业性促使其具有极强的独立性，甚至对国家法行使权威的空间、影响力、正当性都构成了挑战，导致国家法在这一领域难以奏效。正如学者指出的：“鉴于这些标

[1] [美]埃里克森：《无需法律的秩序：邻人如何解决纠纷》，苏力译，中国法制出版社2003年版，第15页。

[2] 魏治勋：《民间法思维》，中国政法大学出版社2010年版，第12页。

[3] 谢晖：《民间法的视野》，法律出版社2016年版，第329页。

准是保证网络运行及高效所必需的,主权者不承认也是行不通的。"[1]因此,往往出现的是情形是"国家法代表着传统,而民间规范反而趋向于现代",[2]这时候往往是民间规范的内容修正了国家法的规定,而不是国家法修正民间规范。

第三种观点——民间规范及其价值必然成为法治现代化的阻碍——的错误之处。

民间规范本身就是法治现代化的一部分,因此民间规范价值不是法治现代化的阻碍,相反,缺乏民间规范的伸张,民众价值需求得不到充分尊重,才真正阻碍了法治现代化进程。只有进一步认识、释放民间规范的能量,表达民众价值诉求,才能最终实现法治现代化。因此,对于追求多元治理与善治的现代社会来说,民间规范及其价值的发展不是法治现代化的阻碍。恰恰相反,国家主义法律观才是真正阻碍。昂格尔曾指出,西方之所以走上现代法治之路是因为实现了官僚法与习惯法的有机融合,中国未走上法治之路是因为没有实现两者的有机融合。[3]自从新文化运动以来,在"救亡压倒启蒙"的思想潮流中,人们普遍对民间规范及其价值的否定态度。新中国建立之前,在"三千年未有之大变局"下,救亡的急迫性让人们急切的除旧布新,试图"把旧的法律全部烧掉,成为全新者",民间规范代表旧文化,面临着被压制的命运。新中国建立之后,在以建设新中国为中心的"强制性变迁"的社会发展中,高度集中的社会管理体制在一定程度上又暗合、回归甚至强化了国家主义传统,即便在改革开放以后,国家主义法律观仍然存在,"国家主义同样熔铸在1949年以来的理论建构与制度实践中,这种历史传统与意识形态在改革开放的背

[1] 姜世波:《网络习惯法:网络社会自治的法律规则体系》,载《民间法》(第13卷)2014年第1期。

[2] 王彬:《民间法如何走进司法判决——兼论"顶盆继承案"中的法律方法》,载《民间法》2007年第1期。

[3] 参见[美]昂格尔:《现代社会中的法律》,吴玉章、周汉华译,中国政法大学出版社2001年版,第91~99页。

景下仍将长期存在,并对我国的治理模式与治道转型产生重要影响”。〔1〕当然,尊重国家威权是必要的,仅仅依靠国家权威,甚至将国家支配作为国家治理的唯一力量,这种畸形化的国家主义法治观就必然是建设现代宪制国家的障碍。〔2〕因为,过分强调国家威权的国家主义法律观违背了社会发展规律,压制了民间社会的活力,权力至上的理念必然限制人们的自由权利,因此最终阻碍法治现代化的进程。

因此,将民间规范及其价值与法治现代化对立起来实在是对民间规范与法治现代化的重大误解,是以一种想当然的态度忽视真实的时空情境的认识,是对民间规范和法治现代化都进行了狭隘理解的后果。从更为广阔的历史视野和社会视野看,民间规范及其价值与法治现代化非但不矛盾,反而是最为契合的关系。

三、法治现代化与民间规范价值的紧密关系

(一)法治现代化与民间规范的辩证关系

人们往往习惯性地认为民间规范延续了传统,所以就是“老的、旧的”,将民间规范视为源自古老世界的遗产。但是,事实上传统并一定就是“老的、旧的”,传统与现代并不是截然对立的,而是既对立又统一的辩证关系——传统是过去的现实,现实是正在经历的传统。正如学者所言,“现实是人们可以在其中进行文化实践的文化时间领域,而传统则是人们只能以其精神性的活动所把握的文化时间领域……被我们称为‘传统’的东西,就是文化在时间性的过程中所表现出的确定性形式的继续性,这种连续性内涵者着两种相互矛盾而又必须相互整合的因素,那就是保守(保持)的因素和变革的因素,保守的因素使文化成为连续性的稳定存在,而变革的因素使文化得

〔1〕 于浩:《国家主义法律观研究:一个导论》,载《人大法律评论》2017年第2期。
〔2〕 参见于浩:《国家主义法律观研究:一个导论》,载《人大法律评论》2017年第2期。

以创新和发展，所以传统的正确意义，应该是在保持稳定的连续性中的变革和创新的文化时间过程。任何文化，作为传承的东西且成为'统'，都是保守与变革在整合中的统一，都是在连续性中的发展，如果失去其中的任何一个方面，文化作为时间流程中的人的生命存在和活动，都是不可能的"。[1]所以，传统的延续是一个与现实互动的过程，不能将传统与现实二者割裂开来，而必须认识到传统是在现实中被不断更新的。刘作翔在对法律文化理论的研究中对法律文化的分析也有同样的看法，"传统不是单指过去的东西，而是指经历史流变而产生变化的现实存在""'所谓传统，是指由历史沿传下来的，具有一定特色的社会态度、信仰、习俗、制度等，传统是历来上形成的东西。所以，很容易把传统与过去画等号。实际上，传统不只是过去的东西，而且是对现代和未来都能够产生定向性和规定性影响的东西。那些仅仅属于过去，早已僵化和死亡的东西，并不能成为传统'……改变过去一讲到'法律文化'便反射出'法律传统''文化遗产'这一传统的思维链锁"。[2]因此，现代化是传统延续下的现代化，传统是随着现代化不断发展更新的传统。将这一原理引入民间规范与法治现代化进程的关系分析中，就可以知道，代表着传统的民间规范会随着法治现代化的进程而不断更新，法治现代化进程是代表着传统的民间规范积极参与的结果。

(二)法治现代化与民间规范及其价值的结合方式

民间规范交往实践中意见表达是促进民间规范及其价值参与法治现代化、融入法治现代化的途径。民间规范的形成不要求传统等因素的排除，不要求参与者放弃自己的历史、传统和偏见，但是也允许不同的声音出现，允许现代化因素的融入。从根本性质上讲民间规范是以交往为基础，以理解为目的社会自我生成的行为规范，效力

---

〔1〕 李鹏程：《当代文化哲学沉思》，人民出版社1994年版，第371~380页。

〔2〕 刘作翔：《法律文化理论》，商务印书馆2011年版，第87页、第96~97页。

来自人与人间相互认可，民间规范是“冲突的社会事实相博弈、矛盾的主体需求相权衡、对立的利益主张相妥协的结果……它自身蕴含着多元冲突社会中不同主体之多元的意义期待”。[1]民间规范是基于参与主体同意而形成的、以相互认可为基础的，而继受的风民间规范在形成之初也是基于互相认可而生成的，其本身也会不断的基于互相的认可和同意而变革。由于这样的特性，民间规范的运行中人们能在交往实践中表达权益，发表意见，而这些意见正是各个主体结合自己正在经历的切身实践而形成的，法治现代化的需求已经融合在这些民间规范主体的意见中，这样民间规范价值就通过主体意见的表达而与法治现代化紧密地结合起来，相应地，民间规范中的传统文化价值观和现代法治价值就可以通过意见表达而融合起来。

民间规范交往实践中积极批判是促进民间规范及其价值参与法治现代化、融入法治现代化的途径。民间规范的运行提供了主体互相批判的平台和空间。民间规范的形成过程中，参与者提出有理由的批判，而被批判者理性的回应，在理性的批判与回应中放弃自己的偏见。公民通过“对私人生活领域中形成共鸣的那些问题加以感受、选择、浓缩，并经过放大以后引入公共领域”。[2]这样，民间规范的形成中通过沟通的方式将公民各自的需要和偏好形成集体意志的表达，例如，在一些学者的考察中，人情社会在现代社会条件下“升级改造”后在经济体制转型中发挥了积极作用，[3]例如，江浙地区民间金融规范“合会”的发展中，在现代商业化的社会实践人们产生了改造规范内容的需要，而在民间规范运作过程中，人们能够将自身的实际需求表达出来，互相批判的同时互相理解，不断改造民间规

---

[1] 谢晖：《法律意义的追问——诠释学视野中的法哲学》，商务印书馆2004年版，第7页。

[2] [德]哈贝马斯：《在事实与规范之间：关于法律和民主法治国的商谈理论》，童世骏译，三联书店2003年版，第97页。

[3] 参见陈国权、曹伟：《人情悖论：人情社会对经济转型的推动与钳制——基于温州模式的历史考察》，载《国家行政学院学报》2013年第1期。

范,促使这一民间规范与现代法治价值结合起来,吸纳了现代商业的程序正义等价值。“合会人员构成上,从强连带亲属关系圈到以亲属关系为核心扩展到单位同事、生意伙伴、同学、朋友等更大的熟人圈子,相比于过去,当代民间合会在会单制作与合会程序方面逐渐趋向规范”,[1]这其中就体现民间规范价值与法治现代化的融合。

综上所述,现代化与传统并不是对立的,而是辩证统一的,法治现代化与民间规范也并不是对立的,而是辩证统一的。那么,本节开头《共产党宣言》中“各民族的精神产品成了公共财产,民族的片面性与局限性已经日益成为不可能”[2]的判断应当如何理解?我们必须注意:“民族的片面性与局限性已经日益成为不可能”并不意味着民族本身无价值,马克思的批判对象针对的是民族意识的封闭的、排外,并没有否定民族意识本身。如果一个民族能够保持开放,与时俱进,那么就会成为现代化的推动力,如果代表地方性的民间规范能够保持开放,与时俱进,成为法治现代化的积极的推动力,甚至是排头兵。[3]

---

[1] 李学兰:《信任与秩序》,载《山东大学学报》(哲学社会科学版)2008年第4期。

[2] 《马克思恩格斯文集》(第2卷),人民出版社2009年版,第35页。

[3] 例如,一些民间规范及其价值理念经过现代社会条件下“升级改造”后在经济体制转型中发挥了积极作用。参见陈国权、曹伟:《人情悖论:人情社会对经济转型的推动与钳制——基于温州模式的历史考察》,载《国家行政学院学报》2013年第1期。

第四章　民间规范价值的载体

第一节　民间规范价值载体的多样性

价值的载体是价值表达形式,没有载体而仅仅局限于“只可意会不可言传”就无法实现价值秩序的构建。首先,通过价值载体才能阐释思想主张。有了价值载体才能实现价值理念的具象化,才能实现价值思想的解释与传播。其次,通过价值载体才能构建秩序,有了载体才能构建出一个的想象的理想世界,让人们形成共同的向往和努力方向,才能最终构建出理想的秩序。民间规范价值一直藏身于我们的实践中,大量的生活法则中都体现了民间规范价值,但我们经常将民间规范价值忽视,就是因为对民间规范价值的多元载体视而不见,尤其是对口语、行为等价值表达形式的忽视。民间规范价值的载体不仅有文字形式,还有口语和行动形式,甚至在一些民间规范中,口语、行动是民间规范价值的主要载体,文字反而退居其次。因此,必须明确民间规范价值的多元载体,才能对民间规范价值有更清晰的认识。

一、民间规范多元决定了民间规范价值载体的多样性

民间规范是多元的,城市民间规范与农村民间规范之间、不同民族民间规范之间、传统民间规范与现代民间规范之间都存在巨大差异,而多元的民间规范必然需要多元的价值追求和多样的价值载体。

民间规范多元性与不同地域的人们的生活生产方式、自然环境等有关,而且这种多元性是“在同一时空中多种并不直接关联的法律体系并存的状态”。〔1〕例如,我国农耕地区以农业生产为主,商贸地区以商业交易为主,牧区以放牧为主,不同的生活方式产生了不同的民间规范,它们之间的差异是天然的,而且是没有直接关联的,其中的文化传统和价值取向自然是不同的。相应地,民间规范价值载体也各有特色,例如,民间法谚作为民间规范价值的载体是口头语言传承的,还有一些民间歌谣也承载和表达了一定程度上的民间规范价值。有一些地区以行为作为记载民间规范的方式,例如,苗族、侗族地区的村规民约广泛地以“栽岩”——在集会中当众竖起一块大石头——为记载民间规范的方式,这块石头和当众竖立石头的行为就成为了民间规范价值的载体。当然还有一些民间规范价值是以文字形式出现的,例如一些村规民约的开头往往首先开宗明义的阐述设立规范的价值依据,但各地的人们也往往结合本地区的自然环境、生活方式采取不同的书写方式,汉族地区的宗族法规往往以卷册的形式形成纸质文本,但是还有一些地方是将民间规范刻在一块平整的大石头上——如瑶族地区的“石牌”民间规范。

民间规范的地方性决定了民间规范及其价值多元性,因此民间规范及其价值研究必须从多元视角切入,“这种多层次、多视角、立体式的文化多元观有利于我们在文化上一视同仁地关怀每一个人,在需求上关怀每一个人”。〔2〕这就需要对民间规范价值载体的多样性有充分认识,如果忽视载体的多样性,就往往会看不到这些多姿多彩的民间规范,忽略人们的多元价值追求。

二、法价值多元决定了民间规范价值载体的多样性

价值是多元的,价值的多元性“是指在一定范围的社会生活中,

---

〔1〕 严存生:《法的一体与多元》,商务印书馆 2008 年版,第 160 页。

〔2〕 谢晖:《法哲学讲演录》,广西师范大学出版社 2007 年版,第 30 页。

现实主体的存在是多元的，而每一个主体都有一套自己的价值坐标体系，不同主体之间在价值关系上不可能彼此等同、重合或代替。价值的多元化是在人类内部存在多样化生存条件、多样化利益差别和多样化角色分工的情况下，一种不可避免的基本现象”。[1]相应地，法价值也是多元的，一般而言，我们见到的法价值往往是法学家总结的价值体系，有的认为是六大观念，[2]有的认为是八大原则，[3]有的解释为真善美三大理念，[4]其表现形式往往是白字黑字的书面语言。但是，法的价值就一定是书本上载明的那些文字吗？“六大观念”“八大原则”“三大理念”就是法价值了吗？本书对这一问题的回答是否定的。事实上，对于法价值来说，文字总结的作用极其有限。法价值本质上是“诠释性概念”，[5]其字面的含义必须经过诠释才能获得意义，文字这种表达形式是对思想进行抽象的结果，抽象则必然失真，无法真正的“复写”价值。

事实上，“自从文字产生以来，就提供了精英和大众进一步分化的工具和条件，精英借助文字来解释世界、阐述历史，构建自己的思想体系，然后再将之转化我教化或者强令人们服从的内容”。[6]法学家对法价值的阐释也是如此，那些“六大观念”“八大原则”“三大理念”，都是法学精英的思想总结，它们并不能代表大众的价值追求，恰恰相反，往往是将大众视为被动的受众，试图加以教化。但是，对法——这一社会大众交往的秩序——的思考并非某些精英所独有的专利，而是每一个交往主体都必然有深切感知，并且会不断以自身价值标准进行思考。“现实主体的存在是多元的，而每一个主体都

〔1〕 李德顺:《价值论》,中国人民大学出版社 2013 年版,第 61 页。

〔2〕 参见谢晖:《法治讲演录》,广西师大出版社 2005 年版,第 292 ~ 306 页。

〔3〕 参见[美]富勒:《法律的道德性》,商务印书馆 2005 年版,第 40 页。

〔4〕 参见李德顺:《价值论》,中国人民大学出版社 2013 年版,第 93 页。

〔5〕 参见[美]德沃金:《法律帝国》,李常青译,中国大百科全书出版社 1996 年版,第 42 ~ 79 页。See Ronald Dworkin, *Law's Empire*, Belknap Press of Harvard University, 1986.

〔6〕 谢晖:《法律意义的追问——诠释学视野中的法哲学》,商务印书馆 2004 年版,第 351 页。

有一套自己的价值坐标体系,不同主体之间在价值关系上不可能彼此等同、重合或代替",[1]人是会思维的动物,"人类的思维不仅仅限于对象的现实反映,有时还会超越对象领域,进入想象的世界……只要现实世界还存在着种种不尽如人意的现象,那么追问价值、探讨理想就并不是无病呻吟、杞人忧天,就是人类永恒的追求"。[2]这就决定了价值不仅仅是精英的事业,还是大众的事业,精英可以解释,大众也可以解释。民间规范价值的产生、实现、变迁都在大众根据自己的实践、精英解释的过程中进行的,而大众解释民间规范价值的方式往往不是文字的,而是口头的、行为的——因为大众不一定具备甚至往往是不具备文字总结甚至书面化表达的能力或习惯,而且通过口语或者行为动作进行表达可以随时根据情形的变化而通过重音、节奏、动作等细微方式进行内涵、程度上的调整,这是大众更加喜闻乐见的方式。因此,民间规范价值的载体必然是多样的。

可见,我们必须从价值载体的单一化认识局限中走出来,必须突破这种价值载体上的画地为牢、自我设限的思维定式,认识到民间规范载体的多样性,我们才能从实践中寻找、发现那些以行为、口语等生动形象的形式表达的民间规范价值,然后才能在法治建设中合理应对它们,将其正能量释放出来。

第二节 民间规范价值的口语载体

一、口语是民间规范价值的重要载体

口语是人从一出生就开始开始学习的交流方式,口语是人类意义表达的重要载体,在一些社会领域中,口语信息表达形式在信息传

[1] 李德顺:《价值论》,中国人民大学出版社 2013 年版,第 61 页。

[2] 谢晖:《法律意义的追问——诠释学视野中的法哲学》,商务印书馆 2004 年版,第 253 页。

导机制中占据重要地位。在历史学方面,口述史仍然是一种历史记录方式,在文学方面,日常口语经常成为主要素材,在文学方面,朗读、唱诵占据着文学传播一定的地位和市场。而与此情形大不相同的是法学领域,早在人类法律文明诞生早期,文字就在法律领域开始并占据了绝对优势地位,并不断的排斥口语等其他表达形式。无论是古罗马的十二铜表法还是春秋时期的"铸刑书"都是对法律的文字化,19世纪席卷欧美国家的法典编纂运动让法律文字化达到顶峰。自此以后,只有经过编纂形成文本的才是被称为法律。

但是,人类依靠口语进行交际,口语对话是最直接也是最能达到交际效果的方式,音调、节奏等都可以体现一定的意义。在民间生活中,人们不是要通过民间规范来描述事实,而是要以此来作为依据而调整规制人的行为,民间规范是共同体内的生活方式,共同体对此心知肚明,只需几个简化的字眼提示即可以唤起人们的意识而无须面面俱到,所以将其口语化便于流传、教化和适用,而不必拘泥于某地特定的文字形式。所以,对于民间规范来说,口语形式往往民间规范传承方式最常见的形式,而且,由于口语对话是最直接也是最能达到交际效果的方式,音调、节奏等都可以体现一定的意义,所以口耳相传的方式也更能承载具有极具个性化、具体性、地方性、复杂性的民间规范价值。"在非正式法中,特别是在文明社会中那些远离城市的村社中,民间规范以其坚韧的力量发挥着固有作用。而一般来说,在乡土社会人们的交际主要在熟人间进行,因此,比较正式,并且不乏模式的书写文本就较少受青睐,而温情脉脉的语言(口语,笔者注)文本则更容易被人们解释。"[1]民间规范经常以诗歌、歌唱方式表达着"人们对美好生活的追求,对合理秩序的渴望对交往自由和安全的期盼都会迫使民间以更为进取的精神,以自然记忆为基础,加工、提升和创造新规范,实现文化再造,表达民间对法律的期待"。[2]

---

〔1〕 谢晖:《规范之为诠释学法学的对象》,载《广西师范大学学报》2003年第2期。

〔2〕 谢晖:《民间法的视野》,法律出版社2016年版,第124页。

可见，口语是民间规范价值的重要载体。

二、民间规范价值口语载体的具体表现

谢晖将民间规范的口语表达分为“独白、对白、群白”三种类型，[1]可以从这三种类型为划分标准来具体说明民间规范价值的口语载体。

（一）独白的方式

即某人以口语的方式向大众宣讲民间规范价值，其他人作为听众来学习。例如，苗族理师在处理纠纷时，就某个纠纷会发表自己的意见，有很长的“讲法”和“讲理”的过程，这就是一个民间规范价值通过口语表达的过程。“口承法律文化中要求裁判人员必须死博闻强识、精通古理、能言善辩、知识丰富的人”，[2]理师的说理实际上是对传统价值标准的重申和对新的价值标准的创立的过程。例如，其讲理过程中说道：“拿来当古典讲，拿来当典故说，千年也不断，万年也不丢，不忘古老的话，不丢古老言”[3]“新理不知何时起，旧理即在此结束”，[4]重申传统即“拿来当古典讲，拿来当典故说，千年也不断，万年也不丢，不忘古老的话，不丢古老言”，创立新价值标准即“新理不知何时起，旧理即在此结束”，在这种情形下理师某种程度上扮演了民间规范价值宣传者和教导者的角色。

再如，口语对于羌族民间规范来说具有重要的意义。羌族只有口语没有文字，其民间规范主要依靠口传，“口头宣讲村寨民约在现今羌区的各村寨仍然比较普遍。调查资料反映，汶川县棉池镇十

---

[1] 参见谢晖：《民间法的视野》，法律出版社 2016 年版，第 105 页。

[2] 徐晓光：《原生的法：黔东南苗族侗族地区的法人类学调查》，厦门大学出版社 2012 年版，第 95 页。

[3] 徐晓光：《原生的法：黔东南苗族侗族地区的法人类学调查》，厦门大学出版社 2012 年版，第 106 页。

[4] 徐晓光：《原生的法：黔东南苗族侗族地区的法人类学调查》，厦门大学出版社 2012 年版，第 106 页。

四个村，村村都有村规民约，内容如‘有树不放水，水沟不挖烂’等保护农业生产、林业建设等方面的规定，其中大多数是口头宣传的”[1]。这些民间规范往往就是以口头说理为方式，通过说理来传承和强化当地民间规范的价值观念。

（二）对白的方式

苗族民间规范中还有一种以对歌、辩论的方式进行的纠纷解决方式，在纠纷解决过程中，在辩论中各自一一陈述各自的道理，双方用“巴茅草”的方式计算辩论结果，经过充分的辩论后，计算一下谁的“巴茅草”多，谁家的道理就多，然后决定辩论的输赢和纠纷的解决方式，“我婆家说的十二条啊，自己输了两条，娘家说的十条大理啊，娘家说的十条重理，我算了啊，输了娘家的七条大理，我共输了九条重理”。[2]经过辩论达到了双方心服口服的效果。这种采用对歌辩论的方式表达自己的观点，就是通过对白的方式展现民间规范及其价值，实现了哈贝马斯意义上的“商谈的情境”，不仅解决了纠纷还达到了形成价值共识的目的。除此之外，双方对歌、辩论的过程也是一种纠纷解决程序，间接地表达了程序正义的价值，双方要轮流辩论，一方辩论时另一方不得打断和插话，最后用“巴茅草”计算辩论结果，这就是程序正义价值的表现，而且在辩论之前和之后，双方要经过“请老”“论理”“度话”“反驳”“驳理”“判案”“做料”等程序，在这口承民间规范中，对歌、辩论是一个具有诉讼理论、诉讼心理、诉讼价值取向等多次内涵的诉讼模式，以口语的方式承载了程序正义的价值观念。

---

〔1〕 龙大轩：《乡土秩序与民间法律——羌族习惯法探析》，中国政法大学出版社2010年版，第183页。

〔2〕 徐晓光：《原生的法：黔东南苗族侗族地区的法人类学调查》，厦门大学出版社2012年版，第99页。

（三）群白的方式

还是以苗族为例，除了独白和对白，苗族民间规范中还有一些习惯，在节日期间，人们会在当地社主的带领下组织“鼓社活动”，其中有“唱鼓”环节，即社主领唱“古规古理”歌，其余人齐声附和，而“古规古理”的内容就是当地的民间规范。在这个过程中，“在节奏感强烈的唱腔感染下，当地民众内心的‘诗性崇拜’的力量发挥作用，从而早已形成的‘古规古理’在民众内心再度烙下印记，以推动苗族习惯规则的实际运行”。[1]通过这种共同歌唱呼喝，强化了对民间规范的认识，也强化民间规范价值的内心体验，因此，这种群白的方式也是民间规范价值的载体。

第三节　民间规范价值的行动载体

一、行动是民间规范价值的重要载体

行动作为民间规范价值的载体主要体现在“以行为为主要载体和传播手段的事实性民间规范”事实性规范中。魏治勋对事实性民间规范的定义较为细致而准确：

“由于这类规范主要是诉诸行为事实并以之为自身的表达方式，因此追求行为程式、细节表现本身就是目的，或者行为程式本身的完成就意味着某种规范目的的达成，语言在此过程中对规范的表达则显得相当贫乏或根本没有必要，而离开了情境中行为事实的即时运演，规范的众多细节则是无法得到真切描述的，对行为本身的模仿和传习构成了此类习惯性规范存在的本体方式。笔者称此类民间

---

〔1〕 余地：《论“诗性崇拜”对习惯法形成及运行的推动力》，载《民间法》（第13卷）2014年第1期。

习惯规范为‘事实性民间规范’。”[1]

事实性民间规范揭示了我们生活中的重要但往往被忽视的一方面，就是那些“潜移默化”的行为规则的规范意义，行为程式本身就构成了行为的指引。它们具有常规性，往往被普遍模仿，广泛传承；它们具有强制性，公共评价、社区舆论等构成强制力的来源；它们甚至具有裁判组织，例如，宗族民间规范中的宗族长辈，行业民间规范中的行会组织。同时，这种民间规范不仅仅指导着人们的行为，而且在这种民间规范之中蕴含着价值观，在潜移默化中孕育出一种滋贺秀三指出的“常识性的正义衡平感觉”，[2]塑造着一定区域内的价值标准。“言传不如身教”，往往对人的价值观念产生根本性影响的不是语言、文字，而是无言的示范，是耳濡目染的“身教”，这些能够起到教化作用的规范存在，并不因为没有被语言化、文字化失去规范的效力，有时甚至比文字、语言更有力。例如，埃里克森笔下的牧民维持秩序并没有依靠太多的文字或者语言，而是通过全体成员之间的心领神会、领会和辨别其他成员行为及意思的能力来维持秩序。

可见，行为是表达和传播民间规范价值的重要载体。具体来说可以分为两种情况，一种是遵循民间规范的行为，另一种是矫正违反民间规范行为的行为。

二、民间规范价值行动载体的表现

民间规范往往是“只知民间通行已久，而无从溯厥由来”，[3]其原因就是民间规范往往以行为载体的形式存在、传播，因此在民间规范价值的研究中也不能忽视行为载体这个重要的方面。

---

[1] 魏治勋：《民间法思维》，中国政法大学出版社2010年版，第139页。

[2] 王文：《为民间法辩护》，载付子堂主编：《社会中的法理》，法律出版社2013年版，第26页。中国法文化的考察.以诉讼的形态为素材。王亚新、梁治平：《明清时期的民事审判与民间契约》，王亚新、范愉、陈少峰译，法律出版社1998年版，第13页。

[3] 前南京国民政府司法部：《民间法调查报告录》，胡旭晟等译，中国政法大学出版社2005年版，第190页。

第一种就是通过遵循民间规范的要求做事来表达民间规范价值。当一个较为确定的共同体经过长期交往之后,对交往规则形成一套知识,不必言说就能心照不宣地适用,人们通过默示的方式来构建秩序、表达情感、维护价值。首先,人们遵循民间规范的要求做事来构建秩序。魏治勋在对山东地区的丧葬民间规范考察中就描述了这种秩序,祭奠的种种行为仪式规程具有确定性,体现的是传统价值观念:孝道、尊卑秩序、亲属远近秩序等,“参与者的行为根据自身的角色有其相对稳定的表现空间”。[1]不仅在葬礼上,而且在坟墓的选择、埋葬位置、墓穴规格等方面都具有秩序性,都体现出这些丧葬民间规范的传统价值观念。其次,人们遵循民间规范的要求做事可以实现自由价值的体验。人们对民间规范熟悉到一定程度,达到从心所欲不逾的境界时,并不会感到束缚,而是体验到自由,“在一个熟悉的社会中,我们会得到从心所欲而不逾规矩的自由。这和法律所保障的自由不同。规矩不是法律,规矩是‘习’出来的礼俗。从俗就是从心。换一句话,社会和个人在这里通了家”。[2]就像有学者在对蒙古族地区的习惯法调查中获得的访谈成果中说的,人们将民间规范视为理所当然,自然而然的事情,“这样的解决方式在我们这里很普遍,没有什么习惯不习惯的,大家都这样”,[3]因此,人们感受到的是自由而不是束缚。

第二种就是通过矫正违反民间规范行为的行为来表达民间规范价值。事实性民间规范往往是“从心所欲而不逾规矩”的状态,因此当其被遵守时各行其是,通过全体成员之间的心领神会、领会和辨别其他成员行为及意思的能力来维持秩序,因此民间规范价值是“默会”的,并不会彰显出来。而恰好当事实性民间规范被违反时,民间规范主体就会“依法”矫正其行为,强调和申明民间规范及其价值标

---

〔1〕 魏治勋:《民间法思维》,中国政法大学出版社 2010 年版,第 146 页。

〔2〕 费孝通:《乡土中国》,三联书店 1985 年版,第 5 页。

〔3〕 张文香:《习惯法观念考察——基于鄂尔多斯地区的实证分析》,载《国家行政学院学报》2014 年第 3 期。

准,民间规范价值反倒会在这种矫正行为中更明确、强烈地表达出来。所以,人们往往通过矫正违反民间规范行为的行为来表达民间规范价值。这种情形在学者的一次社会调研故事中有所体现,“一圈人刚刚坐下来,我就按照县里的陪同人员的要求,向在座的所有人逐一敬烟。每个人都客气地接下了我递上的香烟,但是,轮到最后一个中年男人之时,意外发生了,他不仅鲁莽地打掉了我手上的香烟,而且还极其愤怒地站起身来,猛然掀翻了面前的木桌,骂声连连地离开了座谈会现场”。[1]原因是该中年男人是村里的长辈,发烟的顺序表达了表达辈分地位的秩序的价值,应当先给长辈发烟,外来的调研者在行为中没有考虑到这一点,违反这种民间规范秩序,就遭到了这位长辈的严重抗议和警告,打掉香烟、掀翻桌子、骂人、离场都是以强烈的情绪和动作表示不满,要求外来者矫正不合规矩的行为,否则不配合调研。这种要求矫正违反发烟顺序的行为,实际上是一种对民间规范秩序的维护,对民间规范价值的强烈表达。

第四节　民间规范价值的文字载体

当一种民间规范发展到一定程度,规范内容逐渐细致,效力扩大到一定地域范围,形成一定的影响力时,就需要文字载体来表达,如果没有文字,规则细节之间的协调就缺乏有力的工具,明确性、协调性就难以实现。相应地,民间规范价值也需要依靠文字的形式将表达出来,具体来说,通过文字载体表达民间规范价值的情况有两种类型,即直接的表达和通过规范语词的表达。

一、民间规范价值文字载体的直接表达

文字是民间规范价值的重要载体,通过文字直接表述民间规范

〔1〕 参见喻中:《法律与空间》,载《山东警察学院学报》2009 年第 3 期。

价值是常见现象。文字是人类社会发展的成果,早在人类法律文明诞生早期,文字就在法律领域开始并占据了绝对优势地位,无论是古罗马的十二铜表法还是我国春秋时期的“铸刑书”都是对法律的文字化。而在现代文明社会中,法律规范“几乎无所例外地以文字为主要表现形式。民间规范也往往如此,这在我们已知的大量乡规民约、家法族规、社区习惯法以及其他社会自治团体的规章制度中都能够看出”。[1]

事实上,大量具有规范性的村规民约、行业规范都是以文字形式记载,而这些民间规范在一开始往往会开宗明义,用文字阐述和表达价值追求。例如,古代中国社会中,宗族法规的开头往往是通过明确的文字表述民间规范价值,在《上湘龚氏族规》[2]中,孝悌是第一条族规,而这明显是价值的表达,在《四安孙氏家规》[3]中,礼、义、孝、悌等内容是明确表达的价值。又如,行业协会民间规范,“从来行商坐贾,不无规约,百工技艺,各有章程”[4],但是行业章程一定要用文字形式将价值理念直接述明,山西票号的行业规范中就开宗明义,首先说明设立商会的价值目的,“商会之设,原所以联络同业情义,广通声息。中华商情向称涣散,不过同业争利而已。殊不知一人智慧无多,纵能争利亦属无几何,不务其大者而为之。若能时相聚议,各抒所见,必能得巧机关,以获厚利。即或一人力所不及,彼此信义相孚,不难通力合作,以收集思广益之效”。[5]这里的“同业情义”“以获厚利”“信义相孚”等都是价值表达,都是在以文字载体表达民间规范价值。再如,山西阳泉地区发现的宗族碑约中也是首先以文字载体表达价值追求,然后才展开相应规定的叙述,“朝廷有法律,

---

[1] 谢晖:《法律意义的追问——诠释学视野中的法哲学》,商务印书馆2004年版,第355页。

[2] 参见于语和、秦启迪:《家法族规中的“无讼”法律传统》,载《江苏社会科学》2018年第3期。

[3] 参见于语和:《民间法》,复旦大学出版社2008年版,第34~35页。

[4] 彭泽益:《中国工商行会史料集》,中华书局1995年版,第480页。

[5] 周子良:《论山西票号的习惯法体系》,载《山西大学学报》2011年第2期。

乡党有议约，法律维持天下，议约严饬一方，州东马山村等地土宽广，民情厚重由来已久矣。乃近今有不驯之子弟，不勤诵读，不务农事，聚伙成群，日萦心于赌博之中。此固习俗之所秽而亦乡党之无禁约也。……村规即立，有犯即罚，或犯而不认罚者，乡地送官，化弗钱项目百亩中起办，凡赌输赢之事俱各戒禁，不准有犯"。[1]碑约在一开始即申明了"民情厚重"等价值依据，即善良风俗的保持，在此基础上确定了禁止性桂法以及具体的违法责任承担方式。

二、民间规范价值文字载体的规范语词表达

上述情形是通过文字载体对民间规范价值的直接表达。同时还有一些民间规范，其中虽然没有明确的关于价值的文字表述，将价值诉求暗含在了民间规范中的规范语词中，而不是直接表达出来。

例如，"应当"一词是价值的标志词，"从价值指向或者主观欲求上看，'应当'一词所引导的内容往往主要的是反映法律制定者的某种价值期许"。[2]例如，梁治平在《清代习惯法》中提到的民间田地典当规则"回赎以春前秋后为限"，可以用完整的句子来表述，那就是：人们进行田地典当的回赎"应当"遵守这一规则：回赎以春前秋后为限。这一规范是基于播种季节的规律，避开农作物生长周期，避免在典当回赎时造成耕种者的损失，"体现农耕社会中之公正观念"。[3]这里的"应当"一词就含有了对公正的价值期许，暗含了规则所构建的公正、公平等价值目的。

这种通过规范语词来表达民间规范价值的形式往往被忽视，原因在于人们往往将"技术性应当"与"规范性应当"混淆了。冯·赖特在语言学研究中指出了"技术性应当"与"规范性应当"的区别。"冯·赖特称为'技术性应当'的规范在更大程度上是一种描述性

---

〔1〕于语和、刘伟：《从阳泉农村的实地调查看中国的民间法》，载《民间法》2003 年第 1 期。

〔2〕周赟：《应当的法哲学分析》，. 山东大学 2006 年博士学位论文，第 79 页。

〔3〕梁治平：《清代习惯法：社会与国家》，中国政法大学出版社 1996 年版，第 53 页。

(规律性)陈述,而'规定性规范'则是一种价值性陈述。"[1]"技术性应当"构成的是一种基于实用理性的语句,例如各种行业操作规范、卫生标准等语句中存在"某工具应当置于某位置""某事物应当加热五分钟"等句子,这里的应当是一种根据实践需要的描述性句子,应当的背后力量是某种自然规律,没有加入规定者的主观意愿,所以不承载价值诉求;而"规范性应当"则不同,含有"规范性应当"的句子具有主观价值预设,即句子不是技术性行为的描述,而是含有人们对某种价值的构建和维护。文字表达的民间规范中的规范语词中隐含了"应当",而此时的"应当"是共同体理想秩序的表达,包含了共同体对理想交往模式和理想秩序状态的价值期许。因此,民间规范的规范语词暗含了价值意义,是一种特殊的表达形式,不能因为其没有直接表达价值就否定其表达价值的意义。

总之,民间规范价值载体具有多样性,必须重视民间规范载体的发现与总结,如果看不到多样的载体,就容易忽视民间规范价值,就容易引起本书绪论中提到的偏见:一种就是基于民间规范的逻辑与经济逻辑有着密切的联系,从而从成本效益分析的视角看民间规范,民间规范仅仅是人们为了节约交易成本而形成的非正式规则;另一种就是基于民间规范往往以实用为标准,因而从功能主义的角度看民间规范,仅仅是功能性的事实。两种偏见都将民间规范解释为了没有价值因素,仅有工具意义的描述性的事实。这实际上是对民间规范观察的粗略和对民间规范价值载体的忽视导致的,没有看到载体,或没有认识到那时民间规范价值的载体,才会导致对民间规范中包含的价值目的视而不见,只有对民间规范价值载体的多样性有充分的认识,才能发现和理解民间规范价值,也才能真正发现和理解民间规范。

---

〔1〕 王新生:《习惯性规范研究》,中国政法大学出版社2010年版,第129页。

第五章　民间规范价值的生成

第一节　民间规范价值的生成基点——需要

人的需要是法价值生成起点，"'需要'是主体发起对客体作用的内在动因"[1]，有了人的需要人们才创设法，让法来满足人的需要，因此法才有了价值含义。将这一问题置于民间规范视野中得出的命题就是：民间规范对人的需要满足是民间规范价值生成的起点。

一、人的需要推动民间规范价值生成的中介——实践

在第二章有关"民间规范价值的定义"的分析中，笔者已经说明了目前理论研究对"价值"的定义的四种类型：主观价值论、客观价值论、关系论、实践论，其中"实践论"吸收了价值关系论的主要内容，认为价值是主体与客体的关系性范畴，同时这种关系必须以主体实践为基础，即价值不仅是主体与客体的关系，还是以实践为中介的"世界对人的意义"[2]。这种观点较为科学地反映了价值的内涵和本质，因此是本书所认同的价值定义。在哲学史角度上来说，价值实践论是反思价值主观论、价值客观论之后的成果，对二者都进行了批判和分析，是"超越了近代认识论转向的主观与客观的二元对立，从

---

〔1〕　李德顺：《价值论》，中国人民大学出版社2013年版，第44页。
〔2〕　李德顺：《价值论》，中国人民大学出版社2013年版，第29页。

思维与存在的统一的现实基础”[1]对价值进行思考的成果，因此对“价值”的本质反映更为切实、熨帖。

在价值实践论看来，人体的内部刺激和环境对人的外部刺激必然使人产生一定的需要，在这种需要的推动下，人会为了满足需要而进行各自的实践活动。而人的实践活动是主体与客体互相作用过程，“是一个人同世界的否定性的统一的活动过程……是一种超越自然的活动、改变自然的活动，把自然而然的世界变成人所要求的世界，把理想变成现实的活动”[2]。在不断的实践过程中，“经过长期的实践和反复的感知，就在人的头脑中形成了关于客观存在、主体自身以及二者关系‘是怎么样’的事实性认识……随着人类劳动活动的进行，与人认识到客观实在与主体自身之间关系的同时，人也就认识了对象客体的功能属性与主体需要的关系，因而，人的认识也就以对客观实在和主体自身的关系认识为转折环节，从‘是怎样’的事实性认识过渡到了‘应当怎样’的价值性认识”[3]。因此，在长期的实践过程中，在主体与客体互相作用过程，为了满足自己的需要，“人也必然对事物与主体需要的关系‘应该怎样’去进行种种设想”[4]，这就开启了价值生成的过程。

在民间规范中，人的实践活动依然是主体与客体相互作用的过程，“是一个人同世界的否定性的统一的活动过程”，在这一过程中，人要超越自然、改变自然，把已存的世界变成人所要求的世界，把理想变成现实的活动，这就必须确定“应该怎么做”的问题，这个问题的核心就是以什么样的价值观念来指导行动，构建秩序，所以人的需要在民间规范形成、运行、更新等实践过程中必然促成民间规范价值

---

[1] 孙正聿:《哲学:思想的前提批判》，中国社会科学出版社，第 361 页。
[2] 孙正聿:《哲学:思想的前提批判》，中国社会科学出版社，第 65 页。
[3] 袁祖社:《实践与公正——马克思的哲学价值观研究》，中国社会科学出版社 2014 年版，第 99 页。
[4] 袁祖社:《实践与公正——马克思的哲学价值观研究》，中国社会科学出版社 2014 年版，第 99 页。

的生成。可见,以实践为中介,人的需要构成了民间规范价值生成的基点。

二、人的需要推动民间规范价值生成的具体方式

"'需要'产生于主体自身的结构规定性和主体同周围世界的不可分割的联系,是人的生存发展对外部世界及自身活动依赖性的表现。"[1]人需要是丰富多样的,人的自身结构规定性的每一个环节、人与周围世界的联系的每一个方面,都会产生一定的需要。但是,从宏观层面来看,人的需要可以大致归类为两个方面:一方面是基于个体性的需要,如生理需求、自我实现需求;另一方面是基于社会性的需要,如爱和归属感、他人尊重等。因此,本书从人的个体性需要和社会性需要两个方面来论证民间规范家价值生成的基点。

(一)人的个体性需要构成民间规范价值生成的起点

"人类价值序列中所有的价值都毫无疑问地必须要以个体生存为前提条件。这在大多数情况下都是一个显而易见的事实,没有个体生存作为前提条件,群体甚至不可能存在,自由、平等、效率等价值都是毫无意义的。"[2]因此,个体性需要是民间规范价值生成的首要需要。舍勒在价值秩序的分析中曾指出,"古代社会过分看重超越性价值而轻视世俗性价值,破坏了二者之间的对立统一和应有的平衡关系,导致现实社会生命冲动力的缺乏,并出现以物质匮乏为特征的人的生存问题"[3],一旦失去对个体性需要的重视就会导致"失衡",导致秩序难以为继。民间规范作为民间社会中各个成员主动、自发形成的规范,其出发点与宗旨就是保障成员的个体性需要,

---

[1] 李德顺:《价值论》,中国人民大学出版社 2013 年版,第 44 页。

[2] 石佑启、李锦辉:《生存与合作:进化论视角下法律的元价值》,载《世界哲学》2018 年第 5 期。

[3] 冯彦凡:《舍勒价值秩序理论及当代启示研究》,中国社会科学出版社 2015 年版,第 71 页。

人的生存,只有保障了个体性需要的满足,民间规范才有存在的必要。因此,“我们首先应当确立一切人类生存的第一个前提也就是一切历史的第一个前提,这个前提就是,人们为了能够‘创造历史’,必须能够生活,但是为了生活,首先就要衣食住以及其他东西。因此,第一个历史活动就是生产满足这些需要的资料,即生产物质生活本身”。[1]但是在人们在谋求个体性需要满足的过程中构建民间规范,“应当如何满足个体性需求”就成为民间规范家价值生成的最基本起点和首要推动力。

(二)人的社会性需要构成民间规范价值生成的起点

人是社会性动物,“城邦之外,非神即兽”。社会性需要的满足是人的本能需要。在社会实证主义指导下的社会学、经济学、人类学研究已经表明,“人类从来就没有从孤立走向团体的缔约过程,人生而属于社会”[2]。每一个人都是理性的独立的个人,但人的个人性与社会性是一体的,不存在绝对独立的个人。哈耶克曾经区分真个人主义和“伪个人主义”,真个人主义的个人并非是绝对自治的个人,而是互相合作的个人。“伪个人主义”是一种“以孤立的或自足的个人的存在为假设的观点,而不是一种以人的整个性质和特征都取决于他们存在的社会之中这样一个事实作为出发点的观点”,而“真个人主义”认为“人之理性并不像唯理主义者认为的那样是以单数的形式存在的……必须被理解成一种人与人之间相互作用的过程”[3]。因此,人是社会性的动物,人的本性注定了需要集体归属,而在这种社会性需要满足的过程中,人们必然要通过共同的交往实践、集体行动形成集体认同,构建共同价值观念。人不可能通过自娱自乐获得全部幸福,在公共生活中获得幸福是人的生活的重要内容,

---

[1] 《马克思恩格斯选集》(第3卷),人民出版社1960年版,第31页。
[2] 何志鹏:《非自然权利论》,载《法制与社会发展》2005年第3期。
[3] [德]哈耶克:《个人主义与经济秩序》,邓正来译,三联书店2003年,第23页。

这就必须解决应当按照什么样的公共秩序活着，应当选择什么样的公共规则去获取便利和幸福的问题。一旦开始这样的思考，就意味着民间规范价值的生成。

在人的需要作为价值生成的起点这一问题上，这里应当说明的一个问题就是：从满足人的需要这个角度看，相对国家法价值而言，民间规范价值具有更加重要的地位。从历史发展角度看，人的需要首先催生的、构建的是民间规范，人的需要首先通过民间规范来满足。国家出现、成立以后，人的需要才通过国家法律来满足。民间规范先于国家法产生，恩格斯早已断言，“在社会发展某个很早的阶段，产生了这样的一种需要：把每天重复着生产、分配和交换产品的行为用一个共同规则概括起来，设法使个人服从生产和交换的一般条件。这个规则首先表现为习惯，后来便成了法律”〔1〕，因此，在国家法尚未出现的时代，人的社会性需要的表达和实现完全依靠的是民间规范。从现实分析角度看，在国家法出现以后，民间规范仍然是满足人的需要的重要方式，人的需要（人权）“在某种程度上和某些方面能够得到其他社会组织的章程、乡规民约与习俗、宗教与文化传统的认可、支持和保护”〔2〕。所以，从满足人的需要这一点也可见民间规范价值的重要意义。

第二节　民间规范价值的生成动力

人的需要构成了民间规范价值生成的起点，但是能够在社会实践中保持运行，不断发展，是更为具体的推动因素不断推动的结果。这些因素与民间规范自身特性有关，构成了民间规范价值生成的动力。

---

〔1〕《马克思恩格斯全集》（第1卷），人民出版社1956年，第76页。

〔2〕李步云：《论人权的本原》，载《政法论坛》2004年第2期。

一、民间规范价值的生成动力源自人的规范本能

“人是规范地生存的动物，简言之，人是规范的动物，规范的生活，是人区别于其他动物的特征”[1]，因此，将自身和世界规范化是人的本能，这一点从人的分类思维和命名思维中可以得到证明。分类是人类社会规范和秩序构建的前提，人们往往通过分类赋予各种类型以独特的社会意义，使相似的事物获得一致的意义，不同的事物获得另一种意义，进而在此基础上确定亲疏等级关系，确立规范和秩序。作为人的本能，这种分类的思维方式从原始时代就存在，“从原始人还没有得到哪怕是稍微发展的极低的思维水平来看，首先从外部相似性入手而对事物加以分类，并逐渐将自己发展了的认识叠加到这种原始分类上”[2]，人类社会往往会“在他们的表象之间确定的一种分类，这种分类的指导原则是这些实体里面共同存在着的对部族来说极为重要的神秘力量……要使事物被想象成和被感觉成是联合在集体表象的复合中”[3]。随着认识的扩展和深化，人总会在简单分类的基础上对事物做出进一步的分类，原先的分类让人们获得了规范和秩序，在体会到规范和秩序地带来的利益后，人们就会进一步在已有的规范和秩序基础上探求更为细致的分类，以形成更为稳定的、更为明确的秩序。对事物命名也体现了人的规范本能。古代社会中人们往往用某种神秘力量给事物命名，例如部落以兽、禽等图腾为名，部落中的人也以本部落的图腾为自己的标志，以区别于其他部落。有了这样身份认同，人们获得了社会中的角色定位，才有构建秩序的可能。虽然在科学不够发达的时代，命名依据往往是不可考究的神话传说，但是“神话本身并非只是一大堆原始的迷信和粗陋的妄想，它绝不只是乱七八糟的东西，因为它具有一个系统的或概

---

〔1〕 谢晖：《法律意义的追问——诠释学视野中的法哲学》，商务印书馆2004年版，第52页。

〔2〕 魏治勋：《禁止性法律规范的概念》，山东人民出版社2008年版，第353页。

〔3〕 [法]布留尔：《原始思维》，丁由译，商务印书馆1981年版，第122页。

念的形式"[1],通过这种命名,人们获得了内心的安定,将规范和秩序"建立在这样的假定之上,即一旦完成了一种恰当的仪式或者行动,它的自然结果必会如预期的那样发生。而且,对这些仪式的自信表明,对原始人类来说它们成为一种'科学',它们给自然界以确定性,并给它的运作过程予以控制"[2]。可见,分类思维和命名思维都说明了人的规范本能。

而无论是分类和命名,都是一个将人的主观价值赋予客观对象的过程。将客观对象进行分类和命名就意味着要将本来处于事实状态的对象纳入人的关系结构中,将事实状态的事物改造成规范状态的事物,这就必然要根据社会关系结构来区分好的、坏的、善的、恶的,推动了价值的生成。凡是规范生成必然存在价值赋予,这种互联互生的关系也深刻地体现在民间规范中。民间规范的规范构建中,人们必须通过价值的赋予来对客观对象进行分类、命名,将某些行为称之为好的、将另一些行为斥之为不好的,这才能构建规范和秩序。因此,人具有规范本能,总要对不同事物进行分类、命名进行构建规范,而一旦要构建规范就意味着要将客观对象纳入人的主观需要结构中,这就推动了民间规范价值的不断生成。

二、民间规范价值的生成动力源自人的利益追求

"人所奋斗的一切都与他的利益相关",[3]利益是人类社会不可能回避的问题,在法学领域中,利益追求也绕不开的话题。那么本书的论题——民间规范价值——与利益之间具有什么样的关系呢?所谓"君子喻于义,小人喻于利",价值与利益,精神追求和物质追求,看似是矛盾的关系。但是,本质上二者是具有内在一致性的,"信仰本身不排斥世俗的追求,不但如此,信仰每每还迎合世俗的追

[1] [德]卡西尔:《人论》,甘阳译,上海译文出版社2004年版,第36页。
[2] [美]包尔丹:《宗教的七种理论》,陶飞亚、刘义、钮圣妮译,上海古籍出版社2005年版,第29页。
[3] 《马克思恩格斯全集》(第1卷),人民出版社1956年版,第82页。

求，才得以发扬光大……那种信仰就是抛弃一切功利追求，信仰是绝对的无条件的论断，才是对信仰的误解和曲解”[1]。韦伯在《新教伦理与资本主义精神》中对新教徒将利益追求与精神追求的视为一体的分析是对这一问题的最好解释：新教教义将勤奋、节制、世俗的成功作为自己的天职，[2]正是这一理念，才使人们积极追求财富，给资本主义的发展获得了巨大的精神动力，反过来，追求财富又强了新教教义的精神传承，成为新教价值观得意发展延续的推动力。可见，在价值与利益的良性循环中，二者互为推动力。

这一原理在民间规范中也同样适用。以企业民间规范为例，企业本质上民间组织，其内部经营运行规范属于民间规范的范畴，逐利是企业的宗旨，但是越是逐利能力高的公司，越是强调企业文化——价值观的明确。“企业文化”建设本质就是价值的树立，通过价值树立，激发人的动力，才能更好地获得利益。“企业文化是企业作为经济组织在长期的生产经营过程中逐步形成和培育起来的，具有本企业特色的，并为企业成员普遍接受和共同遵守的价值观念、行为准则、道德规范、风俗习惯，以及反映企业文化特质的规章制度、组织结构和物质实体。”[3]“公司精神是将组织团结和凝聚在使命和远景周围的一套价值观，它是公司的精神之所在——是组织赖以存在的一系列价值观和态度、观念，这是公司内每一个成员共同分享的，因此它是真正具有激励作用的要素。”[4]正是为了实现经营效益的扩大，企业往往构建企业价值，让价值成为企业成员的精神指导，而通过价值构建，企业成员具有了走向共同方向的意识，也给他们的日常行为提供了指导方针，对利益生产的推动作用通过员工流动率、品牌

---

[1] 谢晖：《从制度修辞视角看法律信仰》，载《北方法学》2016年第6期。

[2] 参见[德]韦伯：《新教伦理与资本主义精神》，简惠美、康乐译，广西师范大学出版社2010年版，第50～100页。

[3] 杨红军：《非正式制度与企业文化研究》，吉林大学2004年博士学位论文，第59页。

[4] [丹]杰斯帕·昆德：《公司精神》，王珏译，云南大学出版社2002年版，第123页。

知名度、成本控制、市场占有率来体现。[1]总之，企业因逐利而创造价值观念，正体现了利益对价值生成的推动作用。例如，在清代晋商民间规范中，晋商的诚信价值的确立固然有传统诚信道德观、家族荣誉等因素，但是逐利因素也是不可忽视的一部分，“在激烈的竞争中，晋商深刻认识到：‘无论日识新知，莫不休戚与共，痛痒相关’，必须团结同乡仕商，才能‘广其业于朝市间’”[2]，企业的发展必然要求诚信价值的树立，通过诚信价值的树立，才能“以诚信重义号令天下”，将经营范围扩展至全国。在这动力推动下，诚信价值被设立为了晋商构建、修正民间规范的价值理念和基本原则。

人类社会凡有集体必然存在利益问题，但单纯的利益追求是不可能的，在人类社会中也是从未真正实现过的，诚如赫克所言，“正是利益才造就了法律规范的产生，因为利益造就了‘应该’的概念”[3]，利益是推动价值生成和发展的重要动力。这也就证成了民间规范价值的生成动力源自人的利益追求这一命题。

三、民间规范价值的生成动力源自人的诗性思维

诗性思维是一种“主客观不分，运用想象力将主观情感过渡到客观事物上，使客观事物成为主观情感的载体，从而创造出一个心物融合的主体境界”[4]的思维模式。诗性思维是人与生俱来的内在能力。一方面，人类理性的缺陷决定了诗性思维始终存在。理性不及，是哲学思考中的历久弥新的话题，苏格拉底说“我不知道”，庄子说“六合之外，存而不论”，康德则将现象界与物自体进行区分，将人的理性所及限于现象界。这些哲人都在指出一个道理——人的理性

---

〔1〕 参见王少杰：《企业文化演化路径及对绩效影响的实地研究——基于工商人类学视角的分析》，载《山西财经大学学报》2015 年第 7 期。

〔2〕 薛勇民：《伦理视域下的晋商精神》，载《山西大学学报》（哲学社会科学版）2009 年第 6 期。

〔3〕 王振东：《现代西方法学流派》，中国人民大学出版社 2006 年版，第 160 页。

〔4〕 林雪铃：《以“启发诗性思维”为导向的新诗教学设计及其实作成果分析》，载 http://www.docin.com/p-676546486.html，最后访问日期：2018 年 5 月 30 日。

有限。“人类一思考,上帝就发笑”,人总是以为自己走出了洞穴,结果总是发现,其实只不过是从一个洞穴走进另一个更大的洞穴!当人类理性无法解释事物和现象时,诗性思维就成了人类认识世界的利器。因此,人们往往不是试图用逻辑思维复写世界,而是用诗性思维解释世界。而且诗性思维是人自然的思维方式,在人类的原始阶段,“要使事物被想象成和被感觉成是联合在集体表象的复合中,只要这个复合的情感力量以足够的甚至更大的程度来补偿那个以后将由一般概念的逻辑价值赋予一般概念的威信就够了”[1],例如图腾就是人类想象的结果。可见,人类一开始就本能地通过诗性思维的想象来认识世界。

在法学领域,诗性思维充分体现在推动法价值形成过程中:理性设计的规则总是存在漏洞,总是要用价值构想的理想秩序来支撑法的秩序的合理性,而诗性思维在这一过程中首先促使法价值的产生:人们对理想生活秩序的诗性想象,推动了法价值的产生,进而构建了法秩序的框架和轮廓。相应地,诗性思维在构建民间规范的同时必然也会促使民间规范价值的产生:例如“合会”民间金融规范,人们组织民间和会初衷是一种对良好的互助关系的憧憬,而憧憬的内容中必然包含和谐、诚信等价值因素,“敬”“和睦”“秩序”等事实上就是对理想的总结和抽象,就是民间规范价值,正是在对理想秩序的诗性想象中,民间规范价值自然而然地出现了。可见,诗性思维是推动民间规范价值的形成和发展的动力。

第三节　民间规范价值的生成条件

“人类从来就没有从孤立走向团体的缔约过程,人生而属于社

[1] [法]布留尔:《原始思维》,丁由译,商务印书馆 1981 年版,第 122 页。

会”〔1〕,同样地,价值也不是个人思考冥想的结果,而是人们在共同体中实践——人同世界的否定性的统一的活动过程——中产生的结果,只有不断在社会中经过长期的实践和反复的感知,价值才有可能被构建起来。因此,实践价值论认为,价值一定是处于某种历史情境的共同体实践中的,共同体是人的实践活动的空间和平台,是价值生成的基本条件。民间规范价值也是在共同体中形成、发展、更新的,只有在共同体的实践中,民间规范才能产生,只有在共同体的实践中,民间规范价值才能生成。

一、共同体存在

“共同体”(Gemeinschaft)这一概念最早由社会学家滕尼斯提出,〔2〕是指自然形成而非理性建构的“共同体”,是一种基于感情自然形成的一定区域,以血缘、地缘等自然因素为基础的社会组织方式。这一概念可以从滕尼斯作出的“共同体”与“社会”的区分辨析中获得更好、更准确的理解。滕尼斯所指的“社会”是一种狭义的社会,是一种基于理性设计而形成的集体形式,有明确的目的,并以契约和利益而基础的组织方式,而“共同体”则是基于经验、情感、传统形成的社会组织。民间规范生成于“共同体”而不是“社会”,民间规范及其价值是在基于经验、情感、传统形成的“共同体”中形成的。

“共同体”的存在是民间规范价值生成的基本条件。一方面,价值需要在共同体中酝酿、成熟;另一方面,共同体也必然会形成一定的共同价值标准一维持自身的存在和延续。如学者所言,“真实的、真切的价值体验,从形式上看,是一个非常个人化的事情,但是,从实质上讲,却是以优良的‘公共生活’的存在未前提和根据的,脱不开‘公共性’的逻辑,这是以往的人类文化思想史向我们昭示的一个真

〔1〕 何志鹏:《非自然权利论》,载《法制与社会发展》2005年第3期。

〔2〕 参见[德]滕尼斯:《共同体与社会:纯粹社会学的基本概念》,林荣远译,北京大学出版社2010年版,第5页。

理”[1]。价值不可能在个人的苦思冥想中产生，价值不可能“脱域”“脱嵌”，缺乏共同体基础的价值思考只能是个人的自说自话，而不是真正的价值。“单纯的自然本性是个非价值的概念，不能从中推论出价值关怀。”[2]相反，价值的生成是一个以共同体为平台的社会性体验。在共同体中，人追求、体现、承担、实现自身在公共社会中存在意义，努力将自己实现为一种公共的存在而不是个人的存在，通过与集体的交流、分享中形成对理想秩序的价值追求。

二、共同体自治

民间规范生成于自治的共同体中，“民间法是以交往为基础、以理解为目的的社会自我生成的非正式行为规范，由于其非正式规范的特性，效力来自人与人之间的相互认可。”[3]所以，民间规范依靠的是人们内心的认可，是一种依靠内心确信维持效力的非正式制度，民间规范的基本特性是生成的自发性，是民间主体“排除了强制的因素以后寻找法治的起点”[4]的成果。可见，自治是其民间规范本质内涵，而这一点也构成了民间规范价值生成的重要条件。民间规范的生成于共同体，共同体必须是自治的，在共同体的自治中的人们获得了主体性，在价值层面上获得了各自价值取向的表达、交流、合作的空间，最终才能够得以形成共同的价值理念。总之，自治的共同体是民间规范生成的“温床”，也是民间规范价值生成的温床。

如果存在外在的干预，如行政权力的指挥、命令、干涉，则必然导致民间规范共同体自治破坏，民间规范价值也失去了生成的基础。共同体自治意味着共同体中的人们遵守规则并不是因为外在的强制

---

〔1〕 袁祖社：《公共性社会的实践——生存之境与合理价值体验的发生》，载《吉林大学社会科学学报》2010 年第 2 期。

〔2〕 叶传星：《人权概念的理论分歧解析》，载《法学家》2005 年第 6 期。

〔3〕 李杰：《论民间法在社会治理中的作用及介入途径》，载《甘肃政法学院学报》2015 年第 1 期。

〔4〕 陈景辉：《什么是“内在观点”?》，载《法制与社会发展》2007 年第 5 期。

力，而是因为对规则的接受和内化，一旦破坏了这种自治，就会破坏人们对民间规范价值的承认和内化，就会破坏共同体价值的生成，导致民间规范价值失落。罗伯特·帕特南对意大利南部地区的社区进行研究，北部地区自治共同体较多，不仅带来了制度绩效的优势，还促进了民主价值的实现，南部则相反，行政权力对基层社会干预很多导致民主价值的失落，他对美国现代社区进行的研究也说明了这一点，他指出美国公共精神的衰退正是因为政府对社会管理的深入导致社区内部陌生化，公共交往减少，公共精神衰落。〔1〕可见，共同体的自治是民间规范及其价值得以发展、繁荣的关键要素，共同体的自治构成了民间规范价值生成的基础条件。

三、共同体确立交往模式

"价值是与人的存在、获得和与其相应的历史、文化以及制度共同体的涉及和存续方式联系在一起的"〔2〕，价值的产生需要通过一定的共同体交往模式来共同讨论、交流，最终确立价值共识。民间规范的产生不是独断者的独白，而是自治的共同体中的各方主体共同讨论、交流、碰撞的结果，是"从时间里、多方面、经常的接触中发生的亲密的感觉。这感觉是无数次的小摩擦里陶练出来的结果，〔3〕通过这样一个渐进形成稳定交往模式的过程才最终确立规范共识和价值共识，形成民间规范及其价值。所以，共同体中稳定的交往行为模式构成了民间规范的内容，不同的共同体的交往行为模式就形成了各具特色的民间规范及其价值。农村中有宗族民间规范，以宗族辈分构建交往模式；城市中则形成民主选举式的交往模式，例如小区业委会的章程；少数民族地区民间规范的交往模式更为独特，例如苗

---

〔1〕 See Robert D, *Putnam. Bowling Alone*: *The Collapse and Revival of American Community*, Touchstone Books by Simon & Schuster, 2001.

〔2〕 袁祖社：《公共性社会的实践——生存之境与合理价值体验的发生》，载《吉林大学社会科学学报》2010 年第 2 期。

〔3〕 参见费孝通：《乡土中国·生育制度》，北京大学出版社 1998 年版，第 10 页。

族地区的埋岩民间规范、羌族的“议话坪”民间规范。

1. 平等沟通是民间规范共同体交往模式的基本特点。共同体的交往模式是一种横向沟通，而且允许常态化的沟通交流，在“无数次的小摩擦里陶练”，最终达到“从心所欲不逾矩”的效果，“营造的是一种‘超越法律’的‘理想的言谈情景’，体现的是一种主体间性精神和中庸精神，突出的是沟通理性而不是将个人利益和权利推至极致的工具理性”〔1〕。通过共同体展开的公共交往活动是培育共同体价值共识的平台，这种公共活动形成一个同等结构，实现横向沟通，在沟通中“可能会出现冗长的辩论、观点的分裂，所有的观点都可以得到代表，所有的论点都可以得到散发，所有的利益都可以给予其恰当的分量”〔2〕，如果没有稳定的交往模式，就很难形成活跃的社区活动，人们处于互相封闭状态或者交流很少的状态，都会导致民间规范和民间规范价值的衰微。

2. 论辩是民间规范共同体交往模式的基本内容。实践是“人与世界的否定性统一的过程”，这就决定了人的需要的满足是人在社会实践中不断“斗争”——争辩、商谈——中得来。而且人的信息不对称、非理性、自利本能都决定了人对他人的偏见，在认识上的歧义、错误等，“理不辩不明”，只有通过反复的交往中不断的争辩，才能明确各自权利的范围，才能真正地确立民间规范价值共识。

3. 共同体交往模式是民间规范价值更新、再生的重要平台。民间规范需要在传统的延续中再生，成为“活”的民间规范。这就需要非正式规范在不断的多元参与中将不同个人的具体情况互相妥协，不同的意见互相砥砺，不同的文化因素互相融合，在反复的交往中形成规则的再生成。这样，民间规范不断得到修正、补充和完善。形成这种多元参与的载体必然需要稳定的交往模式。在这种再生过程中，落后的、不能满足人的需要的民间规范及其价值必然会随着社会

〔1〕 张洪涛：《法律的嵌入性》，东南大学出版社 2016 年版，第 155 页。
〔2〕 张洪涛：《法律的嵌入性》，东南大学出版社 2016 年版，第 153 页。

发展而"自衰",新的共同意识、新的社会需求、新的价值理念则以共同体的交往模式为桥梁和管道,被吸收进民间规范中,这样就实现民间规范及其价值的再生成。例如,在苗族、侗族地区的栽岩民间规范中,随着时代的变化,"侗族修改过时、无用的规约,指定新的习惯法时,由于条件的限制和组织的不易,并不经常埋岩,而是把人们召集到祖先早已埋好的地方……根据当时的新的情况增补一些新规约,在讲款的同时,用右手握着的一根插钎向岩石上凿去,背几句,凿一下"[1]。在这一过程中,民间规范权威"寨老""理老"会唱道:"新理不知何时起,旧理在此即结束"[2],通过有组织的集会、商议这样一种交往模式就确立了新的行为标准和价值标准。可见,共同体交往模式存在为民间规范及其价值的更新、再生提供了可能。

第四节 民间规范价值的生成过程

李德顺在《价值论》中指出,价值的生成是一个从价值心理到价值观念复杂的发展过程,从短暂的、零散的感受逐渐发展成为稳定的、系统的信念。[3]谢晖曾针对这一问题指出,"法律价值体验过程分为实践和认识两个方面,这其中又有法律、实践、认知、情感、价值等环节和要素,诸环节次序分明、层层递进,诸要素互相作用、互相渗透"[4]。同样,民间规范价值的生成也并非一蹴而就的,而是经历一个逐渐发展的过程。而民间规范作为自发秩序,其价值的生成也必然要经历这样的一个复杂过程。

---

〔1〕 徐晓光:《原生的法:黔东南苗族侗族地区的法人类学调查》,厦门大学出版社 2012 年版,第 55 页。

〔2〕 徐晓光:《原生的法:黔东南苗族侗族地区的法人类学调查》,厦门大学出版社 2012 年版,第 65 页。

〔3〕 参见李德顺:《价值论》,中国人民大学出版社 2013 年版,第 128 ~ 146 页。

〔4〕 谢晖:《心理体验与法律价值的整合》,载《宁夏大学学报》(社会科学版)1995 年第 1 期。

一、初步的价值意念

"人,永远不会对他所赖以生存的世界感到满意"[1],人总会不满足于现状,总要通过实践将现时的状况改变为"应当怎样"的状况,实践"是一个人同世界的否定性的统一的活动过程……是一种超越自然的活动、改变自然的活动,把自然而然的世界变成人所要求的世界,把理想变成现实的活动"[2]。所以在长期的实践过程中,为了满足自己的需要,"人必然对事物与主体需要的关系'应该怎样'去进行种种设想"[3],这种对"应该怎样"的想象就是价值生成过程的第一步。这些初步的设想、想象尚未形成稳定的、明确的价值意识,但已经形成了一种价值意念,它们具体体现在各种各样、多元的民间规范的内容中,往往呈现出散乱的、随意的、"无主题散文"的状态。[4]"在浙江温岭石塘镇的85座有名有姓的宫庙中,各类神主有801个,平均每个宫庙9.4个主神或辅神。佛教的释迦佛、观世音,道教的三清和五圣,传说神妈祖和济公,历史神关羽和张巡,鬼怪精灵黑虎大王和柳木大王,家族名人蔡王爷、朱王爷,甚至于文艺作品人物如孙悟空、阎王爷等往往同聚一堂,不分轩轾。"[5]河北、山西地区对纸马的崇拜也多种多样,除了常见的灶神、财神、瘟神,甚至有"新式交通工具如汽车、摩托车等都成为纸马的新题材"[6]。人们以神话传说、贤良故事作为道德文本创造神祇,本质上是对"人应当怎样"的想象,表达是对真善美的追求,这就是初步的价值意念。而这些民间理想秩序的想象往往会寄托于民间规范规则中,用民间

---

〔1〕 林喆:《法律思维学导论》,山东人民出版社2000年版,第1期。
〔2〕 孙正聿:《哲学:思想的前提批判》,中国社会科学出版社2016年版,第65页。
〔3〕 袁祖社:《实践与公正——马克思的哲学价值观研究》,中国社会科学出版社2014年版,第99页。
〔4〕 参见高长江:《民间信仰:和谐社会的文化资本》,载《世界宗教研究》2010年第3期。
〔5〕 高长江:《民间信仰:和谐社会的文化资本》,载《世界宗教研究》2010年第3期。
〔6〕 耿涵:《中国民间造神——内丘神码与民间信仰实践》,广西师范大学出版社2016年版,第27页。

规范秩序的形式表达出来,例如东南沿海的宗族民间规范,捕鱼业行业民间规范等。

虽然这些价值意念是简略、零散的,但是却对个体行为有着极强的指导性,能够将民间社会个体整合起来。这些价值意念通过简单的艺术来表达,具有审美情趣,能够引导人们创造安逸平和、情趣盎然、超脱和谐的日常生活。这实际上就塑造了人的精神秩序,其不仅仅是一个行为的指引,提供一个公共交往的模式范本,而是把人引入了一个意义世界,将平淡无奇的日常生活审美化,人们在些价值意念中"进入了一个新的领域——不是活生生的事物的领域,而是'活生生的形式'的领域,我不在生活在事务的直接实在性中,而是生活在诸空间形式的节奏中,生活在各种色彩的和谐与反差之中"〔1〕。这其实给人在意义世界中安排了各自的位置,让人的精神有秩序的活动,而不至于混乱无序。以这些价值意念为基础构建的民间规范,例如"合会"民间金融规范、捕鱼业行业民间规范、商业民间规范等,由于这民间价值意念的作用,"散发着汗水和泥土的气息,它才能够被接受、认同,才具有亲和力、感召力、生命力"〔2〕。

二、稳定的价值情感

民间规范价值意念的多姿多彩充分说了民间规范的活态性和自发性。当一种价值意念经过不断反复后,对人具有了感情意义时,价值意念就升化为了价值情感。价值情感是对某种民间规范内心认同的稳定的、持续的心理状态。"激情、热情是人们强烈追求自己的对象的本质力量"〔3〕,情感的力量是人的原始力量,情感激发是对某种价值的真实认同的基础,是形成稳定的价值观念的前提,只有通过情感的强化才能形成系统的价值观念,没有情感前提的价值观念往

---

〔1〕［德］卡西尔:《人论》,甘阳译,译文出版社1985年版,第193页。

〔2〕高长江:《民间信仰:和谐社会的文化资本》,载《世界宗教研究》2010年第3期。

〔3〕马克思语。转引自李德顺《价值论》,中国人民大学出版社2007年版,第148页。

往是脆弱的。生活、实践是价值情感形成的根源，[1]只有不断地在共同体的交往实践中检验，才会形成稳定的价值情感。民间规范价值情感也是主体在生活世界中不断实践的结果。具体而言，本书将民间规范价值情感表述为三个方面：民间规范价值的道德感、民间规范价值的美感、民间规范价值的凝聚感。

（一）民间规范价值的道德感

情感是人的力量之源，当人们对民间规范地感受到达了价值情感层面、形成稳定的价值情感时，情感的力量就会让民间规范及其价值具有道德意义，让人们产生道德感。“道德感就是个体按照伦理的要求自我规定、自我确定的冲动”[2]，体现在民间规范中，就是人们会自觉尊重民间规范，自觉维护民间规范价值标准。例如，丧葬民间规范中，人们对“孝”的价值就具有道德感。葬礼规则作为一种民间规范，其不仅仅是埋葬逝者的一个行为过程，也不仅仅是内心对死者的缅怀，更重要的是对村民的情感抚慰，“安顿村民们的精神世界或彼岸世界，并在相当程度上满足了村民们对于精神生活的需求”[3]，因此，人们对自觉尊重、依据丧葬民间规范的行为产生满意、愉快、心安理得等内心体验；相反，对违背丧葬民间规范的行为则会产生羞愧、厌恶、愤怒等内心体验。这种道德感支持促使了葬礼规则的传承和延续，是民间规范生生不息的活力和顽强的生命力的来源。

（二）民间规范价值的美感

民间规范价值还具有美感。民间规范中体现的美感不是经过哲学思考或者艺术熏陶的“深度的精神生活”，而是一种日常生活的和谐美感，是一种普通百姓的人与人的和谐之美、身体与灵魂的和谐之

---

〔1〕 参见王伦光：《论价值与情感》，载《哲学研究》2009 年第 8 期。
〔2〕 樊浩：《伦理感、道德感与“实践道德精神”的培育》，载《教育研究》2006 年第 6 期。
〔3〕 喻中：《乡村丧礼的逻辑：一个法人类学的考察》，载《比较法研究》2011 年第 4 期。

美、人与社会的和谐之美、人与自然的和谐之美。

1. 民间规范中的仪式具有美感。在年节祭祀民间规范中往往存在祖先崇拜，这种崇拜不仅是上文所述的道德感崇拜，还是一种美的崇拜，是一种具有美学意义的精神生活。通过祖先祭祀，人们可以感受到祖先“没有从世界消失，在年节祭祀仪式中，他仍然回到家里和族人欢聚一堂，享受亲情和美味，……死神的不道德恐吓因家庙供桌上矗立的灵牌而失去了重量，向死而在的残酷人生过程因隆重的迎祖仪式而成为一种生命形式轮转的游戏。庄严的祭祖仪式成为死亡的驱魔仪式，不仅激发了个体的永恒想象，守护者个体灵魂的‘在家’，也激励这个体的‘健道达和’”〔1〕。在祖先祭祀中，人们将死去的祖先视为家庭大树上的一枝，或家族之河永远向前流去的潮流中的一部分，〔2〕所以祖先虽死，但是也是美好的，人们在家族血脉的延续中体验生命的意义、获得生命的延续，民间规范不仅仅维护了秩序，还实现人们内心对残缺生活的美感修复，让人们能够在如此沉重的生活之中仍然能保持一种平和的精神，健康的心理状态。

2. 民间规范的行为具有美感。例如，在美感分析的视角下，丧葬民间规范中有哭堂、出殡抬棺、摔火盆等行为，选择安葬坟墓的位置的行为，以及子孙祭奠等行为。这些丧葬民间规范中的行为不仅仅一个个的动作，还是一种如人类学家辛格所说的“文化表演”，一系列的行为都在于将亲人死亡的事件美化，在具有艺术性的活动中，亲人永别的现实生活的苦闷被暂时搁置，人生的残缺不全被暂时遗忘，人生和生活获得了短暂的美感，短暂的心理慰藉提供了希望的再生的空间。

3. 民间规范的表现形式具有美感。在“民间规范价值的载体”一章中，已经描述了各自充满了审美色彩、具有美感的民间规范。例如苗族侗族地区以歌唱民间规范，汉族过年习俗中的年画、对联年

---

〔1〕 高长江：《民间信仰：和谐社会的文化资本》，载《世界宗教研究》2010 年第 3 期。

〔2〕 参见林语堂：《生活的艺术》，中国戏剧出版社 1991 年版，第 180 页。

俗,人们通过民间规范所构造的秩序而相信让人们相信美的存在,坚持美的追求,让人们尽管面对残缺的生活,仍然要享受和谐的心境,热爱生活,追求美好、和谐、快乐的世界。

(三)民间规范价值的凝聚感

价值情感是对某种民间规范内心认同的稳定的、持续的心理状态,因此当一种价值意念升化为价值情感时,一定产生凝聚力,让人感到凝聚感。

1. 民间规范通过达成价值共识而获得凝聚感。哈贝马斯曾指出,认同可以分为"授予性认同"和"获得性认同",前者是根据给定的价值标准而认同,后者是基于主体协商而产生的认同。"授予性共识是静止的,它只能通过精英人物的不断宣扬和重申才能达成,而获得性共识则是动态的、可调整的,它融入了不同利益主体的广泛参与,并且可以视具体的情境而随时做出调整,由于体现了主体的参与性,此种共识无须外在宣扬和重申,它可以通过利益主体间的沟通和碰撞而内在的达成。"[1]"授予性认同"需要意识形态、信仰、神灵来实现价值一致,实现对个体差异的消除,而"获得性共识"则需要每个主体的共同参与、以理解的态度认识和接受异于自己的需求和看法。民间规范中能够给参与者空间,让参与者提出进行合理的批判、而被参与者理性的回应,在理性的批判与回应中形成"获得性共识",这种共识是一种涂尔干意义上的"有机团结",能产生强大的凝聚力,能够形成紧密的共同体、形成强烈的凝聚感。

2. 民间规范通过互动而获得凝聚感。民间规范是一种从"生活世界"的实践活动中自生自发出来的规则,而实践活动是一个主体互动的过程,人们在共同的活动中互助协作,通过协商沟通形成规则。在这一过程中,人们共同处理公共事务,通过实践中的互动而获

---

〔1〕 黄金兰:《民间规则的认同模式及其意义》,载《山东大学学报》(哲学社会科学版)2007年第3期。

得凝聚感。例如,在民间婚丧嫁娶的活动中,礼仪的完成、相关事务的完成都需要一个集体来完成,通过互助协作完成目的,在协作中,人与人的距离不再那么遥远,彼此冲突的人们也获得了和解的机会。有学者以数据、案例等方式详细分析了皖南地区的乡村葬礼,通过说明葬礼变化的运行逻辑指出,社会凝聚力"这一力量在乡村社会不仅仅指法律,而且指向非正式规则"〔1〕。

3. 民间规范通过处罚而产生凝聚感。对民间规范往往通过处罚来实现社会凝聚力的强化。例如,贵州地区"罚三个一百"等规则,通过集体惩罚违反栽岩民间规范的人,对其处罚"一百斤米、一百斤菜、一百斤肉",将所罚之物共同食用,〔2〕通过这种公开处罚的方式,进一步强化了社群的价值观念凝聚感。再如,山西阳泉地区的"碑约"中也规定:"自今以后凡有犯此禁者,无论男女,总按村规罚治办理……窝场聚赌者不论大小男女,专罚地人献戏三期,罚二千文。捉获之人凡提住赌者报于乡地官中,赏钱千文。见人赌博隐匿不报者,罚钱二千文。赌博既禁,器具宜毁,如各户再有存放者,罚钱十千文。"〔3〕碑约在一开始即申明了民间规范价值依据,即善良风俗的保持,在此基础上确定了"献戏三场"等具体的违法责任承担方式。而"罚戏三场"与"罚三个一百"异曲同工,都是通过公开处罚来说明赌博行为在价值上的不正当性,本质上也是对全体村民进行民间规范价值重申,目的是增强群体凝聚力,强化价值凝聚感,以此来强化价值,避免再犯。

道德感、美感、凝聚感共同构成了民间规范稳定的价值情感,进而在此基础上会价值情感最终会升化为某种稳固的价值观念。一旦

〔1〕 陈大林、张艺璐、张伟强:《乡村葬礼中非正式规则的变迁及内在逻辑——以皖南地区为考察对象》,载《民间法》(第13卷)2014年第1期。

〔2〕 参见徐晓光:《原生的法:黔东南苗族侗族地区的法人类学调查》,厦门大学出版社2012年版,第21页。

〔3〕 于语和、刘伟:《从阳泉农村的实地调查看中国的民间法》,载《民间法》2003年第1期。

某种行为损害民间规范的价值观念，就会触及其中所蕴含的价值情感，引起民间规范群体对这种行为的抵制，这才是民间规范根深蒂固，“民间法依然故我，周行不怠，一如既往地作用于人们的日常生活，国家对之徒叹奈何”〔1〕的根本原因。

三、成熟的价值观念

价值观念是“作为人类特有的一种精神形态，它是人们关于基本价值的信念、信仰、理想的系统”〔2〕，是经过价值意念、价值情感阶段后而形成成熟的系统化的价值意识。

（一）价值观念牢固

民间规范价值观念是价值感情强化的结果，“将它们视作事物之自然秩序的一部分，将它们视作天气和重力一样理所当然”〔3〕。例如，贵州苗族地区的栽岩民间规范，人们把一块石头竖立起来、底部埋入土中固定，称为“栽岩”，在“栽岩”过程中宣示各种权利义务，将所宣示的权利义务与所栽石头联系起来，表示这些权利义务与石头一样坚不可摧、不可违反，其中的价值观念也是如石头一样牢固，不可违反。违反价值观念，遭到抵制，例如，民间丧葬规范中“孝”的价值观念使人们对丧葬规范严格遵守，坟墓的大小、位置都有规矩，一般要严格遵守。人们对这一民间规范价值观念的客观性的监护在周口平坟事件中有所体现，在这一事件中政府采取行政强制手段平坟，严重违反民间规范，最终遭到抵制。国务院第628号令将《殡葬管理条例》第20条授权民政部门“强制执行”的语句删除，随后农业部新闻发言人称“平坟”的方式欠妥当，“2013年春节刚过，周口市一夜之

---

〔1〕谢晖：《主体中国、民间规范与法治》，载《东岳论丛》2011年第8期。
〔2〕李德顺：《价值论》，中国人民大学出版社2013年版，第139页。
〔3〕［美］约翰·R. 塞尔：《人类文明的结构》，文学平、盈俐译，中国人民大学出版社2015年版，第114页。

间有百万座坟墓被重新圆起”[1]。违反民间规范价值观念的闹剧最终草草收场，说明了实践中生成的民间规范价值观念具有牢固性，不是随意可以消除的。

（二）价值观念差异

民间规范价值观念具有差异性。在“民间规范价值的文化解释”中，笔者已经分析了民间规范价值的多元性。这里再次强调，各地的民间规范价值具有自身的独特性，应当互相尊重，互相包容。例如民间规范中关于死亡的价值观念就存在巨大差异。以藏族赔命价习惯法“珍惜生命、化解仇恨”的价值观念与汉族“杀人偿命”的正义观念之间的巨大差异为例加说明。汉族有“杀人偿命”的观念，有学者对“杀人偿命”的民间规范文化观念进行了考察。与汉族文化中死亡观密切相关的就是祖先崇拜、宗族观念。杀人导致的不仅仅是被害者生命结束，还是家族血脉的断裂，这是杀人偿命观念形成的关键原因，“在传统中国人看来，杀人偿命不仅表现为一种公平原则，还嵌入了中国人有关善终和凶死的意义世界，在民众的思维里，杀人不仅仅是对被害人肉体生命的剥夺，更是对其善终的阻断，杀人者若不偿命，被害人的冤魂在九泉之下就难以安息”[2]。与此不同，藏族赔命价规范的价值根据是佛教的“珍惜生命，化解仇怨”。赔命价在藏语中称谓是“懂嘉哇”或“拟懂”，含义为“空”，意指“支付命价不会变穷，获得命价不会变富到头来一场空”，也指“发生命案纠纷时，通过财物补偿将仇怨做空，让死者安息，罪人忏悔，使事情回到什么也没发生的状态”[3]，而不是汉语“拿钱买命”的意思。可见，必

---

[1] 佚名：《河南周口一夜之间恢复百万座坟墓》，载《钱江晚报》2013年2月20日，第A13版。

[2] 尚海明：《善终、凶死与杀人偿命——中国人死刑观念的文化阐释》，载《法学研究》2016年第4期。

[3] 衣家奇：《赔命价——一种规则的民族表达方式》，载《甘肃政法学院学报》2006年第5期。

须尊重民间规范价值观念的多元,在法治建设中包容、融合不同民间规范价值,以一定立法、司法技术吸收民间规范价值,而不是打压、消灭民间规范价值。

第六章　民间规范价值的实现

价值实现是法价值研究的重要内容，研究价值的目的不在于认识价值本身，而是最终实现价值，没有价值实现的价值研究就是没有意义的。“人们最终的目的不是认识价值，也不是创造价值，而是实现价值或者享用价值，忽视价值的实现，只会既丢失客体价值又丢失主体自我。”[1]因此，“如果忽视了价值实现的研究，法的价值就不彻底、不完善”[2]，本章是从动力、过程、结果三个方面可以说明民间规范价值实现。

第一节　民间规范价值实现的范畴

一、民间规范价值实现的含义

卓泽渊教授对法的价值实现做出一个定义，“法的价值实现，是法的价值目标的现实化，价值选择、价值评价等的过程与结果的总称，是法的价值活动的目的得以现实化的过程与结果”[3]，这一定义力求全面的说明价值实现，但是正如作者所说，“给法的价值实现

---

〔1〕 王智：《价值与价值实现》，载《西南民族大学学报》（人文社会科学版）2005 年第 12 期。

〔2〕 卓泽渊：《法的价值论》，法律出版社 1999 年版，第 542 页。

〔3〕 卓泽渊：《法的价值论》，法律出版社 1999 年版，第 544 页。

下一个定义,是一件颇为困难的事情"[1],因为价值实现是一个动态的过程,对这种动态过程的描述十分困难。因此,本书认为应当抓住民间规范的"实践"根源对民间规范价值实现问题进行论述,以此来基本说明民间规范价值实现的核心含义。

首先,民间规范价值实现的根源是"实践"范畴,"实践这个范畴集中地体现了人对世界的特殊关系——人对世界的否定性统一关系,也就是人把自己的'目的性'要求以对象化的方式变为现实的人与世界的关系"[2]。民间规范价值生成之后,确定了"应该怎么做"的问题,那么就要在实践中按照这样的价值标准去行动,把已存的世界变成人所要求的世界,把理想的勾勒变成客观存在的事实。因此,民间规范价值实现的各方面都与实践相关,以实践为目的,在实践中完成,在实践中检验。其次,民间规范价值实现是一个动态的过程。"无论是主体把自身的欲望、需要和目的对象化到客体的身上,还是客体通过自身的属性和功能来影响和改造主体,最终都要在动态的过程当中来显现。"[3]因此,对民间规范家价值实践的研究必然是动态的研究,必须要从动态发展的视角展开。

所以,本书认为民间规范价值实现就是人通过社会实践将未经改造的世界变成符合民间规范价值标准要求的世界,在实践中将民间规范价值从观念成为客观现实的动态过程。

二、民间规范价值实现的内容

"人是世界上最奇异的存在:人创造了人自己、人创造了人的世界;人永远创造着自己,人永远创造着人的世界;人永远是未完成的存在,人的世界永远是未完成的存在。"[4]实践是人与世界的否定性统一的过程,这种否定性统一首先人对自身的改造,然后是人对世

---

〔1〕 卓泽渊:《法的价值论》,法律出版社1999年版,第543页。
〔2〕 孙正聿:《哲学:思想的前提批判》,中国社会科学出版社2016年版,第107页。
〔3〕 朱晓东:《实践价值论与价值哲学的变革》,吉林大学2009年博士学位论文,第37页。
〔4〕 孙正聿:《哲学:思想的前提批判》,中国社会科学出版社2016年版,第107页。

界的改造。在民间规范价值实现的命题中,人们通过实践将民间规范价值从理念变为现实的过程本质上也是这种否定性统一的过程,因此必然体现为人对自身的改造和人对世界的改造,前者体现为民间规范价值的主体化,后者体现为民间规范价值的现实化。

(一)民间规范价值实现是民间规范价值的主体化

民间规范价值主体化就是将民间规范价值最终落实到人身上,即让人自觉的按照民间规范价值标准行为,将民间规范价值视为构建自我的标准和批判他人的标准,让人变成一个自觉行动实践、维护民间规范价值的人。价值主体化是一个多种动力机制推动下多种因素共同作用的复杂过程,是"社会体系通过某种价值再塑社会成员相应的动机和态度的作用过程"〔1〕,有效的价值主体化才能实现由价值到规范、由集体到个人的控制,形成对社会成员的约束,实现社会秩序。

价值主体化体现为一个人已经充分接纳民间规范价值,价值内化成为人的现实行动指南,他在民间规范的运行中游刃有余,民间规范价值已经"身体化""肉体化"为他的一部分。社会学的研究认为,"人的社会化的内容包括外显的行为模式(风俗习惯)和内隐的行为模式(价值信仰等)"〔2〕。民俗学的研究认为,"人的社会化就是人的习俗化,这种习俗化包括三个方面:使用工具获取产品的生产习惯、社会生活的习惯和语言交流的习惯,正是这三个方面构成了人类婴儿出生于此的既定的习惯模型。婴儿的出生之时就是人的习俗化、社会化的开始之时,个人从此融入了充满人类社会的习俗体系、难解难分。人的社会化是一个持续终身的过程,人的习俗化也是一个持续终身的过程"〔3〕,这个过程中,价值最终会内化为人的思维

〔1〕［英］罗杰·科特威尔:《价值与社会》,潘大松译,华夏出版社 1989 年版,第 164 页。

〔2〕张洪涛:《国家主义抑或人本主义——转型中国法律运行研究》,人民出版社 2008 年版,第 140 页。

〔3〕参见乌丙安:《民俗学原理》,辽宁教育出版社 2001 年版,第 32 ~ 133 页。

的一部分。在民间规范的运行中,人们就会经历这样一个价值主体化的过程,并且形成根深蒂固的认识。例如,学者在对农村地区的纠纷解决的研究中就发现,职业司法者不仅依靠了民间规范权威——村支书,而且对国家法进行"改造"以形成与民间规范价值相配合、相协调的说理根据。在纠纷解决过程中,"司法人员、信用社工作人员、村支书都不假思索地选择了传统伦理道德论证路径"[1],不断寻找民间规范意义上的价值依据,反观国家法层面的价值说辞,诸如交易公平、权利不得滥用等并没有出现,仅仅出现了几次"国家有破产法""国家有银行法"等与这个数额仅几百元的农村借贷纠纷毫无关系,近乎于"驴唇不对马嘴"的笼统模糊表达。正如学者分析的,还贷者、收贷者、法官、村支书都是"从内心认可传统伦理道德,并'肉体化'成了他们身体的组成部分,指导他们的日常行为模式,而外来的异质的甚至与中国传统文化存在剧烈冲突的新伦理道德,不仅仅遭到中国老百姓的强烈拒斥,而且也受到了新伦理道德倡导者政府内部人员——国家干部、知识分子等尤其是处于社会基层的国家人员——的消极的不自觉的抵抗"[2]。不假思索地寻找民间规范价值依据,这正是民间规范价值主体化的充分体现。

(二)价值实现是价值目标的现实化

价值目标现实化是指价值目标通过人的实践由理念转变为现实的过程。

1. 价值现实化体现为塑造某种社会关系、社会地位。例如,在中国行业民间规范中,人们往往会塑造一些独特的价值理念,以某种崇拜形式——如拜祖师爷、排辈分——来确立行规,形成所谓"师门规矩",事实上就是价值实现的体现,是所谓"忠孝""义气"等价值现

---

〔1〕 参见强世功:《"法律"是如何实践的》,载王铭铭、王斯福:《乡土社会的秩序、公正与权威》,中国政法大学出版社 1997 年版,第 488 ~ 562 页。

〔2〕 张洪涛:《国家主义抑或人本主义——转型中国法律运行研究》,人民出版社 2008 年版,第 204 页。

实化而形成的地位关系。而且人们往往为了构造自身的社会地位努力地保持、强化某种独特的价值观念,来达到"自重"并让其他人尊重的效果。[1]在前文提到的因"发烟次序"而引发冲突的案例中也体现了这一点,破坏这种价值秩序的行为就遭到了严重的抗议和警告。这些社会关系、社会地位之所以如此被重视、被强调、被捍卫,正是有民间规范价值在作为依据,而这些重视、强调、捍卫社会关系、社会地位的行为也正是民间价值现实化的表现。

2. 价值现实化内在观念转化为人们的实际行动。在有关"民间规范价值的生成"的讨论中已经说明,民间规范价值具有自我生成、自我强化的内在机制,内在心理强化的最终结果必然呈现为行为。也正是因为如此,民间规范往往能国家法无可奈何,最终逼迫国家法让步。例如,在埃里克森对夏斯塔县的观察中就发现,人们对民间规范价值的捍卫往往表现为积极的行动,"在夏斯塔县,牧人之所以坚决地为他们的习惯性规范而斗争,就是为了维护'在夏斯塔县,牧人仍然是天下老大'的符号性地位"[2]。在我国苗族地区的"罚三个一百"民间规范中,民间规范及其价值标准的现实化往往体现为对违规者处以经济惩罚的行为,要求违规者提供"一百斤肉、一百斤米、一百斤菜"举行村寨聚餐,在聚餐中公开重申民间规范的内容、要求当事人公开承认错误、赔礼道歉,总之,通过这样一个聚餐娱乐的行为来干预违法者、纠正其错误,使其行为回归民间规范价值要求,进一步强化民间规范价值的实现效果。

3. 还会实现为某种客观实物。一个典型的例子就是丧葬民间规范中的坟墓,坟墓不仅是一种物理实体,还是丧葬民间规范价值现实化的结果,是民间规范价值的客观事物表现,坟墓的埋葬位置、墓

[1] 参见李乔:《行业神崇拜——中国民众造神运动研究》,中国文联出版社2000年版,第59~100页。典型的例子就是相声行业、戏曲行业在旧社会被称为"下九流",而自身就必须立规矩,强调所谓"行规行道"。

[2] 埃里克森:《无需法律的秩序:邻人如何解决纠纷》,苏力译,中国法制出版社2003年版,第15页。

穴规格等都是丧葬民间规范中长幼秩序、辈分“次序”等价值的表现。在“周口平坟事件”中,政府采用强制手段“平坟”,就是忽略了坟墓这一实物背后的坚不可摧的民间规范价值,政府的无视、破坏民间规范价值的行为被抵制,民间规范价值外在实现形式—坟墓—也被恢复,最终“2013 年春节刚过,周口市一夜之间有百万座坟墓被重新圆起”[1]。对坟墓的守护与恢复都是因为这一实物是民间规范价值现实化的结果。少数民族地区的口承习惯法中民间规范价值现实化为实物的情况更多见,例如苗族地区的“栽岩习惯法”,人们集合在某个特定地点,把一块石头竖立起来、底部埋入土中固定,称之为“栽岩”,在“栽岩”过程中宣示各种权利义务,将所宣示的权利义务与所栽石头联系起来,表示这些权利义务与石头一样坚不可摧、不可违反。这样,民间规范价值就物化为这些被竖立起来的石头。还有一些则呈现为其他形式,例如在有个别地方的民间规范就以标语的形公布在宣传墙上。[2]

第二节　民间规范价值实现的动力机制

从价值理念到价值实现不是一蹴而就的,而是一个长期复杂的过程,这就需要极强的动力机制。民间规范价值实现的动力可以分为外在动力和内在动力,内在动力即通过人的内心动力来将民间规范价值落实在行动中,外在动力即通过权威、强制等方式将促进人对民间规范价值接受、内化并落实。

---

[1] 佚名:《河南周口一夜之间恢复百万座坟墓》,载《钱江晚报》2013 年 2 月 20 日,第 A13 版。

[2] 参见徐晓光:《原生的法:黔东南苗族侗族地区的法人类学调查》,厦门大学出版社 2012 年版,第 21 页。

一、内在动力机制

"世界不会满足人，人决心以自己的行动来改变世界"[1]，可见，改变世界的过程是一个在持续的内心动力推动下的过程，在内心动力推动下，人的理想才从想象转变为现实，人的需要才能最终得到满足，价值目标才最终得到实现。民间规范是一种内生秩序，依靠的是参与者的自觉自愿，参与者内心动力扮演着更加重要的角色。因此，民间规范价值实现的动力来源首先是参与者的内心动力。现代心理学将记忆与模仿与社会建构联系起来，因此可以从记忆和模仿的角度来分析民间规范价值实现的内在动力。

（一）记忆的推动力

1985 年美国社会心理学家格根（K. Gergen）在《美国心理学家》杂志发表了《现代心理学中的社会建构运动》，系统阐述了社会建构心理学的基本立场，在这样的理论背景下，记忆的研究不再局限于个人内心世界，而是转向了社会建构，记忆不再是人脑中的封闭事件，而是与社会交往相关的事件。"虽然记忆是人的一种生理自然现象。换言之，它奠定在人的自然生理功能基础之上，但人类的记忆一旦生成，就不仅仅具有生物的生理功能，更具有社会交往的功能。"[2]记忆的这种社会构建功能在民间规范中尤为重要。可以说，记忆的力量伴随着民间规范运行的全过程。民间规范从传统和前见中衍生出来的，本身即是传统和前见的直接表达，继受传统，风俗习惯而成。在这一过程中，记忆是民间规范得以形成的心理动力，人们往往会本能地将记忆中的秩序视为可预期的秩序，记忆中的秩序最终形成民间规范。"记忆作为重复，回如影随形般跟随着人类，而不断重复的符号记忆，不仅会促动人们按照此种符号安排交往行

〔1〕 列宁：《哲学笔记》，人民出版社 1956 年版，第 229 页。
〔2〕 谢晖：《民间法的视野》，法律出版社 2016 年版，第 117 页。

为,还会借此强化价值记忆,并价值记忆为基准,创造一种维系秩序核心的'凝聚性结构'……"[1]因此,民间规范研究必然不能忽视记忆的强大动力机制。

在民间规范价值实现中,记忆的力量是重要的内在推动力。首先,通过将记忆中的民间规范价值复制于社会生活中推动民间规范价值实现。记忆不仅仅是流水账,价值作为记忆中最为核心的部分,也会被不断重复,并复制于新的生活中,这种本能就形成了民间规范价值不断地实现的根本动力。由于记忆的强大力量,民间规范才得以不断巩固,民间规范价值才得以实现。"天然的守旧思想是人们心灵的一种倾向。那是一种厌恶变化的心情;它部分地产生于对未知事物的怀疑以及相应的对经验而不是对理论论证的信赖;一部分产生于人们所具有的适应环境的能力,因此,人们熟悉的事物仅仅因为其习以为常就比不熟悉的事物容易被接受和容忍。对未知事物的怀疑以及宁可相信经验而不相信理论的这种心理根深蒂固地存在于几乎一切人的心中。"[2]在这心理动力动力的推动下,民间规范价值成为行为的依据,"人类广泛地有一种能力,那就是他不必知道某一规则如何被构成或者为什么这样构成,但他仍旧有按照规则行为的深度能力"[3],在记忆的不断复制下,民间规范及其价值标准在人的实践中变成客观事实并且不断重复、巩固。其次,以记忆中的价值标准为依据在新情境下调整、变革民间规范来推断民间规范价值的实现。民间规范价值不仅仅是传承,在实践中还会不断与时俱进。在民间规范价值发展的这一过程中,人们并不是天马行空的幻想,而是以记忆中的秩序为基础进行逐步的调整。波兰尼曾在人类社会知识拓展的研究中指出"默会知识"的重要意义,"在人类踏入其未曾了解的陌生领域时,心灵的力量会突破现有的言述框架为我们的行

[1] 谢晖:《法律的民间叙事》(下),载《原生态民族文化学刊》2016 年第 1 期。
[2] [英]休·西塞尔:《保守主义》,杜汝辑译,商务印书馆 1986 年版,第 3 页。
[3] 魏治勋:《民间法思维》,中国政法大学出版社 2010 年版,第 165 页。

动重新定位,因此,根本的创新只能够借助于人类的默会能力并以行动的方式去进行最初的开拓"[1]。民间规范往往就是"默会知识",以行为习惯的形式展现出来,但是如波兰尼所言,默会知识必然是以默会行动的方式去开拓的,而默会行动则必然与记忆相关,所谓"默会"就必然是在记忆中曾经习得的,在这样的基础上,人们对记忆中曾经习得的行为规范作出微调、修正来适应新情境,才最终使民间规范及其价值标准在新情境中得以实施和实现。

(二)模仿的推动力

心理学学者通过研究和分析人类镜像神经元的来源以及其行为调控的过程,指出人的无意识模仿行为都是社会交流的产物。[2]施里特将习俗的产生和固化归结于人类心智的模仿倾向,对某个群体已经建立起来的行为方式的模仿和坚持。"每个人都可能宁愿其他人如一个人一样行事,每个人都可以通过行为顺从而避免受到蔑视……顺从将是一个明智的选择,只要许多人卷入其中,那么,顺从的情形就将使强烈的。"[3]民间规范是一种民间自发形成的秩序,自发的互相模仿是民间规范的形成和运行的重要方式。

在民间规范价值的实现中,模仿心理也是强大的推动力。本能的模仿心理直接导致秩序的产生,如小费现象、排队现象,本质上是模仿的后果,"社会本能导致了永远与人同在的根深蒂固的倾向性,与其同伴行为看齐,取悦与每日相处的同伴以及被后者所取悦的欲望。这种倾向性极为简单,却绝对是一切社会动物的指导规则,它是一起法律的基础"[4]。如果不模仿群体的行为,就会出现"认知失谐","在相同条件下,如果一个人采取与周围的其他人不同的行为

---

〔1〕 魏治勋:《民间法思维》,中国政法大学出版社 2010 年版,第 164 页。

〔2〕 参见汪寅、臧寅垠、陈巍:《从"变色龙效应"到"镜像神经元"再到"模仿过多症"——作为社会交流产物的人类无意识模仿》,载《心理科学进展》2011 年第 6 期。

〔3〕 [德]施里特:《习俗与经济》,秦海、杨煜东、张晓译,长春出版社 2005 年版,第 6 页。

〔4〕 胡玉鸿:《法学方法论导论》,山东人民出版社 2002 年版,第 429 页。

方式，则他的心理的紧张状态就会出现，而基于保守主义的'认知的一致性'则有利于避免这种紧张"[1]。例如，在葬礼中的哭丧仪式中，新儿媳必须观摩学习其他儿媳的行为，她才能知道如何去作出合理妥当的行为，"她必须将所有的注意力都聚焦于那个在仪式中与她具有同等身份的'表演者'的行为及其与其他仪式参与者的互动上，并按照社会评价的总体倾向在自己的思维中'校正'其行为的合理边界，从而为自己将来扮演词义角色时寻求可能的妥当空间"[2]。在模仿心理的推动下，民间丧葬规范中的价值目标就被现实化、主体化，得以实现。

可见，当模仿行为不断反复，这种行为模式就承载了"应然"的内涵，使得"是否模仿大家、是否与大家行为一致"成为行动是否合理的标准。行为的重复模仿导致了"正是经由惯例规则，某种行动仅仅事实上的规则性——即习惯——便常常被转化为主要由心理强制保障实施的、具有约束力的规范，这就是说，惯例创造传统，某些事件会有规则地重显，仅只这一事实便会赋予它们'应然性'的尊贵身份"[3]，就像在葬礼哭丧中，儿媳妇必须模仿他人的动作声音来约束自己的行为，维护这种事实性民间规范中蕴含的家族伦理价值。这样，模仿塑造了民间规范秩序的同时也塑造了这种秩序的价值判断的标准——模仿一贯行为模式的行为就是正义的、和谐的，不模仿一贯行为模式就是破坏正义的、破坏和谐的。通过不断的模仿，重复，价值标准也不断地被实现并且强化。这种模仿心理的强大力量促使人们严格遵守所处文化场域内的行为模式习惯，即便这种行为方式不符合理性，在这样的动力机制下形成的秩序是本能的、难以言说的，却也是充满力量的。

总之，记忆和模仿构成了民间规范价值实现的强大动力，让民间

---

[1] 魏治勋：《民间法思维》，中国政法大学出版社 2010 年版，第 286 页。
[2] 魏治勋：《民间法思维》，中国政法大学出版社 2010 年版，第 155 页。
[3] [德]韦伯：《经济、诸社会领域及权力》，李强译，三联书店 1998 年版，第 24 页。

规范价值能够不断延续并深入人心、外化于行。

二、外在动力机制

民间规范价值实现不仅需要内在的心理动力，还需要具有外在的推动力。较为常见、较为有效的外在推动力是民间规范权威，即通过民间规范权威的压力对人们的行为产生约束力，促进人们对民间规范价值接受、内化，促进人按照民间规范价值的标准来行为。民间规范权威可以分为两种：一种是传统权威，另一种是民主权威。

（一）传统权威

传统权威即民间规范中由于历史传统等原因形成的大家共同服从的权威。传统权威会产生一种压力，"在某些时候，我们感到自己像在深海中一样，被社团的现时愿望所压迫，而默然产生出一种必须如此的感觉"〔1〕"服从社会规范并不根据什么理由，而是由于感觉到他必须如此"〔2〕，这种权威的外在动力促使人们依据民间规范及其价值标准来行为。这种权威既可能表现为权威人物，也可能是某种神明权威。

1. 民间规范的运行中往往出现权威人物，例如云南傣族地区民间规范中的"寨老"、广西壮族地区民间规范中的"理老"、贵州侗族地区的"款首"等。这些少数民族地区的寨老、理老、款首就是日常秩序维护、纠纷调解的重要主体，而且这种民间规范权威是一个稳定的体系，"理老大致分为三级：一个村寨的理老、一个鼓社宗族的理老和一片地方（包括若干村寨）的理老。理老根据其职能主要有三种类型：名誉型、主管型和仲裁型"〔3〕。有学者曾对这种民间规范

〔1〕 耿涵：《中国民间造神——内丘神码与民间信仰实践》，广西师范大学出版社 2016 年版，第 54 页。

〔2〕 [美]罗斯：《社会控制》，秦志勇、毛永政译，华夏出版社 1989 年版，第 114 页。

〔3〕 徐晓光：《原生的法：黔东南苗族侗族地区的法人类学调查》，厦门大学出版社 2012 年版，第 65 页。

权威人物进行了观察和分析。这些民间规范权威往往具有多重精英身份，如政治精英、宗教精英、文化精英等身份。他们“作为地方宗教领袖的‘巫魅型权威’与作为文化精英的‘知识型权威’与作为宗族‘头人’的‘传统型权威’密不可分，前者推动后者，后者反过来又增强前者”[1]。民间规范价值标准就在这些“乡土法人”的权威作用下被遵守，“正是通过乡土法人对习惯法的适用，习惯法获得源源不断的‘生长动力’，反过来又增强了习惯法作为‘小传统’的权威性”[2]。民间规范的实施与民间规范价值的实现是一个长期而缓慢的过程，完全依靠人们自觉也是难以长久的，需要依赖外在的约束力来获得适用和实际执行，而乡土法人的权威力量有力地推动了民间规范在实践中运用，“习惯法的传承并不是静止和僵化的，而是通过‘乡土法人’的动态实践中不断继承并产生新的规则，由乡民逐渐接受和认可”[3]。因此，民间权威人物的推动是民间规范价值实现的重要动力。

2. 源自基于对神灵的服从形成的权威也是推动民间规范价值实现的重要力量。很多民间规范中都含有神话传说的内容，其中的神明权威成为民间规范获得遵守的依据，例如西南地区少数民族环境保护民间规范中往往借助山神、树神等神明权威来强化民间规范的效力，促使人们按照民间规范及其价值标准行为，[4]我国沿海地区的妈祖等神明也是当地民间规范得以实施的推动力。这种对于神明的服从本质是对自然的尊重，“我们怕天地间的一切精灵，所以天长日久我们的祖先才定下这么多规矩，这是从世世代代的经验中所

---

[1] 陈寒非：《从一元到多元：乡土精英的身份变迁和习惯法的成长》，载《甘肃政法学院学报》2014年第3期。

[2] 陈寒非：《从一元到多元：乡土精英的身份变迁和习惯法的成长》，载《甘肃政法学院学报》2014年第3期。

[3] 陈寒非：《从一元到多元：乡土精英的身份变迁和习惯法的成长》，载《甘肃政法学院学报》2014年第3期。

[4] 参见刘雁翎：《西南少数民族环境习惯法的生态文明价值》，载《贵州民族研究》2015年第5期。

得到的"[1]。当违反民间规范的行为出现时,这种神明权威就是说服甚至强制违反者纠正行为的依据。因此,神明权威是民间规范及其价值得以实现的重要力量。

必须说明的是,这种神明权威并不能完全称为盲目迷信。因为,对于当时当地的人来说,神明权威就是当时的人们以当时的认知能力水平对自然规律作出的最具说服力的解释。只要这种神明权威没有衍生出违反国家法律的行为,就应当受到尊重。总之,这种对神明权威的服从产生的约束力是巨大的,是民间规范价值实现的重要力量,推动着民间规范价值实现的进程。

(二)民主权威

基于民主协商而建构民间规范权威是民间规范价值实现的外在动力。民主程序是人们形成社会的框架和纽带,民主程序形成的组织获得人们的共同支持和信服,这就自然形成了民主权威。民主权威与传统权威不同,民主权威是权利聚合的产物,如"家庭、家族、村委会、工作单位,还有像工会、妇女联合会、工商联合会、学会、政党、消费者协会之类的组织的力量。它们会与聚集起来的力量促使和保障权利的实现……权力不仅是为了权利的实现而产生的,而且来自权利的集中和转化"[2]。这种民主权威在很多民间规范中有所体现。例如,在经济发达的城市地区,民间规范已经融入大量的城市文化,民主程序也已经融入其中,以民主治理为基本方式,以权利保障为核心,主要以契约方式明确人们之间具体的权利义务关系,有的甚至明确了权力制约理念,在这种情况下,"权力是在某种程度上和以某种方式聚会起来的权利,因此,它以权利为基础,并服务于权利的实现"[3]。例如,上海浦东新区合庆镇的村民自治规范中,通过民

[1] 刘稚、秦榕:《宗教与习俗》,云南人民出版社 2000 年版,第 100 页。
[2] 参见严存生:《法的一体与多元》,商务印书馆 2008 年版,第 70~76 页。
[3] 严存生:《法的一体与多元》,商务印书馆 2008 年版,第 70 页。

主监督机制村干部的权力受到了有效制约,村民民主得到了有效保障,"'草根宪法'对事务标准、操作方式等的严格规定转变了村干部过去'一言堂''家长制'等做法,村干部能做什么,不能做什么,是否按章办事,村民都可以在'草根宪法'中进行对照查询"[1]。这种民主权威也是民间规范价值实现的重要力量,因为民间规范由于民主而获得了共同遵守的效力,而且由于其产生于民主途径,人们对其遵守更加自愿,民间规范价值实现的效果更好。

可见,民间规范权威构成了民间规范价值实现的外在动力。那么我们应当如何对待民间规范权威呢?当前对民间规范权威的研究中存在两种倾向:一种是将民间规范权威视为民间治理的核心力量予以肯定。例如,有学者将民间规范权威视为民间规范的效力来源。[2]另一种则是将民间规范权威视为威权主义治理的苗头予以批判。例如,有学者认为民间规范权威"治理效果依赖于治理主题的人格和地位,治理主体的治理思维具有强烈的结果主义导向,治理主义的行为具有较大的任意性,在行为方式上不规范、行为程序上不固定……这种治理仍然强调治理者和被治理者之间的支配和服从关系,农民依旧属于被支配和管控的对象,并未获得农村治理的主体性地位"[3],因此必须"用规则治理取代权威治理"[4]。本书认为,从民间规范价值实现的角度来看,民间规范权威正是民间规范价值能够从理想变为现实的关键,正是通过民间规范权威的推动,民间规范获得源源不断的动力。因此,民间规范权威只能合理调整而不是"取代"。一方面,要支持民间规范权威积极发挥作用,因为民间

---

[1] 李瑜青、张玲:《民间法在国际大都市社会治理中的运用及其思考——以上海市浦东新区合庆镇"草根宪法"实践为例》,载《民间法》(第17卷)2016年第1期。

[2] 参见邱竹:《权威、团体与原则——试析民间法的效力来源》,载《民间法》2013年第1期。

[3] 沈寨:《从"权威治理"转向"规则治理"——对乡贤治理的思考》,载《民间法》(第17卷)2016年第1期。

[4] 沈寨:《从"权威治理"转向"规则治理"——对乡贤治理的思考》,载《民间法》(第17卷)2016年第1期。

规范权威是推动民间规范的重要力量，没有了权威的持续塑造，民间规范就会失去重要动力来源；另一方面，要合理调整民间规范权威，使其与国家法治体系协调起来，将民间规范威权纳入法治体系中，权利是民间规范权威的源泉，民间规范权威必须回应权利，而不能自行其是。具体来说，就是要在民间规范中设置参与权、表达权、辩论权、申诉权等，保持民间规范中权威与权利的平衡。

第三节　民间规范价值实现的过程

民间规范价值实现是民间规范价值主体化、价值现实化的过程，是在内在动力与外在动力的推动之下，多元素共同作用的过程。但是，目前我们还只是从宏观的角度对民间规范价值实现过程的轮廓进行了论述，而从微观角度看，民间规范价值的实现过程中还包含多个阶段，每个阶段又有自身的特点。因此，本节将对民间规范价值实现的各个阶段进行分析，对民间规范价值实现过程进行更为具体、细致的解释。价值实现是价值主体化和价值现实化的过程，这一过程的根本在于主体对民间规范价值的接受，然后才能将价值标准落实在实践中，改造世界，也就是说，先是价值主体化然后才是价值现实化。具体来说，首先主体体验民间规范价值之后接受民间规范价值，然后将民间规范价值作为行为标准，最后按照民间规范价值的要求改造外部世界。因此，这一个由内到外的过程。

一、民间规范价值的体验

价值体验在价值实现中具有重要意义，体验在客观把握之外更根本的特性是对事物的经验感受，价值未经过体验对于主体来说就是一个“虚值”，只有经过认知、感受、反思的体验过程，才能使价值成为主体的“实值”。[1]缺乏价值体验的价值宣教往往是“使得价值问题的哲学思考陷入‘价值神秘主义’和‘价值不可知论’等之中,从而使价值的知识本身缺乏应有的公度性、可交流性和传达性”,[2]因此,理念层面的价值无论在思考中如何系统合理,在实践中都是难以感知的。只有对行为规范中包含的价值理念有深刻的体验,才更加可能成为一个能够深刻理解行为规则,并为其行为负责任的人。忽略了主体的体验过程,行为规范就难以深入人心,就难以保持生命力。

民间规范源自实践,所以人们对民间规范价值体验更具有直接性。“民间规范与国家法的最大区别即在于国家法是先有法再有执行,而民间规范是先有实施,直到成为习惯并具有法的效力才成为了‘法’”[3],因此,民间规范能够提供给人们实践的空间,在反复践行中体验民间规范价值标准。通过一系列设施和表演,如葬礼上的“哭丧”,人们在民间规范预设的价值目标和秩序安排中,形成协调一致的集体行为。在一系列的实践活动中,触动人的可能是民间规范中的某一个细节,通过这种“浸入式”的体验感受,人们所感受到独特的公正、自由、秩序价值。而在这一过程中,每个人都是参与者,包括在民间规范形成、执行、变革等每一环节中。

通过实践中的体验,民间规范价值就成为人内心中不可或缺的一部分。许烺光曾经对人类文明秩序形成的过程作了论述,一种文明深入人心的过程是人在实践中体验的过程,在他的同心圆心理社会均衡图中,第三层属于深层的、难以改变的价值观念,而第二层是表层化的、具有可变性的观念。实践中多次体验可以使得一种观念由第二层深入到第三层。“对于驻守万里长城的卫士而言,万里长城就是位于第二层的内容,如果在驻守期间曾为保护长城打了一场胜仗,那就会

---

〔1〕 参见谢晖:《心理体验与法律价值的整合》,载《宁夏大学学报》(社会科学版)1997年第1期。

〔2〕 袁祖社:《公共性社会实践》,载《吉林大学学报》2010年第3期。

〔3〕 王文:《为民间法辩护》,载付子堂主编:《社会中的法理》,法律出版社2013年版,第26页。

成为第三层的内容”[1]。可见,价值体验是价值主体化的开端,价值体验是一种价值能够被实现的重要环节,有了价值体验,人对价值的印象就深刻,就会将价值标准作为行为准则,没有价值体验,价值就可能只停留在认识表层。民间规范价值在日常生活中孕育并作用于日常生活,在民间规范中人们能够真正地获得良好的价值体验,进而积极遵循这种秩序安排、维护秩序内容。例如,在社区治理中的社区民间规范,这种民间规范的价值体验存在于邻里互动中,每个人都能直接参与意见表达,在这个过程中,居民所体验到民间规范给他们带来的秩序井然、行为自由。[2]已有研究表明,民间组织和民间规范健康繁荣的小区往往是居民在自由、秩序、公平正义等方面满意的社区。而相反,以政府行政手段治理而缺乏民间组织和民间规范的小区往往自利行为更常见,治理成本较高,因此社区治理中纠纷解决、社区服务、流动人口治理等工作不得不指向重建民间组织和民间规范。[3]

可见,民间规范价值体验是价值主体化的开端,是民间规范价值能够被实现的重要环节,是民间规范价值实现进一步深入的基础。

二、民间规范价值成为自我约束标准

当人们充分体验到民间规范价值之后,就会积极地以民间规范价值为标准约束自己的行为。一种情况是民间规范及其价值标准深入人心,在人们内心已经形成无意识的自我约束,就是所谓“百姓日用而不知”的状态。有学者对鄂尔多斯地区的习惯法观念进行的考察中,指出蒙古族民众行为规则中并没有国家法与习惯法区分,在遇到纠纷

---

〔1〕 游国龙:《许烺光的大规模文明社会比较理论研究》,社会科学文献出版社 2013 年版,第 67 页。

〔2〕 参见黄晓星:《社区运动的“社区性”——对现行社区运动理论的回应与补充》,载《社会学研究》2011 年第 1 期;庄雅仲:《“五饼二鱼:社区运动与都市生活”》,载《社会学研究》2005 年第 2 期;陈国权、曹伟:《人情悖论:人情社会对经济转型的推动与钳制——基于温州模式的历史考察》,载《国家行政学院学报》2013 年第 1 期。

〔3〕 参见赵树坤、李杰:《社区民间组织的功能、价值和前景》,载《民间法》(第 13 卷)2014 年第 1 期。

后都自觉的按照习惯法来处理,“这样的解决方式在我们这里很普遍,没有什么习惯不习惯的,大家都这样”[1]。这样民间规范价值成为行为标准,成为客观的事实。另一种情况是有意识的自我约束。当形成对民间规范价值的信仰时,人们的自我约束甚至可以达到为维护民间规范价值而牺牲自己生命的程度,侗族款约习惯法的历史中有一个发生在1933年的事例,一个名叫吴宏庙的年轻人偷了东西,被送进鼓楼——侗族纠纷裁判地点——公开处理,经过寨老的讨论决定对其从宽处理,但是吴宏庙认为祖先规约约束力不能因为自己而被损害,“我偷了乡亲们的东西,犯了祖先的规约,只能用死来赎回自己的罪过”[2],要求按照款约规定将自己处死,在这个故事中,当事人基于自我心理强制而自觉维护规则,自觉承担违反价值标准的后果。通过自己的自愿伏法行为来实现民间规范的约束力,使民间规范价值现实化。

三、民间规范价值成为约束他人标准

当人们对民间规范价值的深度认同之后,就会认为这种民间规范价值应当成为所有人共同的理想追求,希望共同体的其他成员能够与自己行为一致。此时,人们就不仅要约束自己,自己遵守民间规范价值标准,还要对民间规范共同体内的每一位成员提出同样的要求,而且这种对他人的要求又再一次强化了自身的自我约束意识,“相同的自我约束转变为共同体成员之间相互的大致相同的行为期待,这种相互的行为期待及其实现又进一步加重了自我约束感”[3]。在这种不断的个体与他人的循环中,民间规范价值实现的效果不断地得以强化。

---

[1] 张文香:《习惯法观念考察——基于鄂尔多斯地区的实证分析》,载《国家行政学院学报》2014年第3期。

[2] 徐晓光:《原生的法:黔东南苗族侗族地区的法人类学调查》,厦门大学出版社2012年版,第132页。

[3] 王新生:《习惯性规范研究》,中国政法大学出版社2010年版,第28页。

1. 人们会以一定的民间规范价值标准期待他人的行为。人们希望在共同体中形成稳定的行为期待,期待其他人作出符合民间规范价值的行为。当这种期待落空时,人们会对违反民间规范价值标准的人采取消极态度,通过言语态度、表情、眼神表达谴责,并在之后的交往中拒绝合作。这种期待虽然没有直接对违反行为者施加压力,但是对当事人而言,他必须依据民间规范价值标准改正自己的行为,例如学者对云南傈僳族的"羞辱控制"进行的人类学考察说明了民间规范价值作为评价标准来修正人的行为。傈僳族内部存在很多风俗习惯,往往通过诅咒发泄、拒绝交往等羞辱惩罚来对违反这些风俗习惯的人形成心理压力,这种羞辱策略表达了人们对违反民间规范的行为的负面评价,令当事人不得不迅速改正自己的行为。这种羞辱控制的有效性说明了民间规范的运行过程中往往靠心理控制模式形成控制力。事实上,通过羞耻来促使人们遵守既定价值标准的情况并不是中国特有的,也不是传统社会特有的,西方国家、现代社会中也存在,"不同文化类型的国家羞耻信号位置移动方向不同……舍勒以原罪为西方经验中的羞,本尼迪科特以聚合耻感为日本经验中的辱,儒家以面子维系中国经验中的耻"[1],在这些力量的约束下,共同体内部的某些价值标准就成为人们行为的依据,人们就会积极遵守价值标准,这些价值标准就得以实现。

2. 民间规范共同体会实施直接的惩罚,对违反者行为进行直接干预,以此来推进民间规范价值的彻底实现。

山西阳泉地区的宗族碑约就是行为干预的典型表现,"……今将罚治条律并各户施钱开列于后:窝场聚赌者不论大小男女,专罚地人献戏三期,罚二千文。捉获之人凡提住赌者报于乡地官中,赏钱千文。见人赌博隐匿不报者,罚钱二千文。赌博既禁,器具宜毁,如各

---

〔1〕 许娟:《傈僳族社会变迁中的非正式惩罚——以腊村为例》,载《原生态民族文化学刊》2015 年第 4 期。

户再有存放者，罚钱十千文……”〔1〕碑约在一开始即申明了民间规范价值依据，即善良风俗的保持，在此基础上确定了“献戏三期”等具体的违法责任承担方式。而“献戏三期”本质上也是对民间规范价值的再次重申，即通过公开处罚来说明赌博行为在价值上的不正当性，以此来强化价值观念，避免再犯，同时也是对全体参与者进行警示。民间规范价值就是行为正当的标准，违反价值标准就破坏了共同体的精神秩序，人们就要通过干预的方式修正其行为，而这一过程同时也是民间规范价值进一步深入人心的过程，进一步价值实现的过程。

综上所述，民间规范价值的实现经历了一个从精神到行为、从个体到群体、从自身到他人的，内化于心，外化于行的过程，而且这一过程在不断重复，不断自我强化。

第四节　民间规范价值实现的效果

价值实现效果是价值实现的最终样态，明确价值实现的效果才能最终说明价值的最终意义，因此有必要对民间规范价值的实现效果进行说明。“在一般意义上，实现应当是过程与结果的统一，或者说过程与结果的复合体。法的价值实现也是这样，它既包括法的价值实现的过程，也包括法的价值实现的结果，是过程与结果的结合”〔2〕，考虑到过程与结果的统一性，可以从民间规范价值实现的“价值现实化”与“价值主体化”两个方面来说明最终实现结果。笔者曾在重庆市渝北区进行调研，〔3〕其中一个社区的民间自治规

〔1〕 于语和、刘伟：《从阳泉农村的实地调查看中国的民间法》，载《民间法》2003年第1期。

〔2〕 卓泽渊：《法的价值论》，法律出版社1999年版，第546页。

〔3〕 参见张永和等：《渝北社区治理》，法律出版社2016年版。笔者负责“社区民间组织”部分的撰写。

范适应社会多元化的要求,形成一种新的社区治理机制,取得了很好的实效,因此本节以此社区中民间规范为例来说明民间规范价值的实现效果。

一、民间规范价值的主体化

社区通过街道党工委、办事处、街道商会、工会牵线搭桥,将社区辖区内企事业单位、院校、个体工商户、人大代表、流动人员等资源充分整合,形成具有民间性、共建性、互助性的群众组织。包括七个实现社区服务管理工作、满足居民不同需求的协会组织:就业服务协会、帮扶协会、群防协会、调解协会、帮教协会、宣传文体协会、家政服务协会。这些民间组织有的明文确定了行为规范,有的则依据当地风俗等习惯性规范,这些民间规范在民间组织的运用中促进了社区的和谐有序,维护了社区居民之间的公平正义。

民间规范价值主体化的效果主要体现为人们对民间规范价值的充分接受并自觉遵守规范。社区民间组织是一种居民自治组织、志愿组织,通过自主管理、自我服务、志愿参与的组织化形式,在参与活动的过程中,一方面,能够很好地锻炼居民思想表达、沟通谈判、对话协商、妥协退让等技能;另一方面,居民通过社区民间组织表达自己经济、政治和文化利益诉求,培养了居民的民主意识和民主精神。在这样一个过程中,相关民间规范形成和运行都融入了主体的广泛参与,而亲历民间规范的运行过程又使他们对民间规范价值有了更深刻的理解,这样就形成了前文中所讲的,从自我约束到约束他人的价值实现过程,价值成为主体思维中不可或缺的内容,形成了价值主体化效果。这种价值实现的效果尤其体现在纠纷解决中。人们在纠纷解决中运用民间规范来说理,根据民间规范及其价值标准,双方能够迅速地找到矛盾的争议核心点,围绕争议的争论中,双方也能够互相理解和接受对方的主张,使纠纷迅速解决。这样民间规范及其价值标准的广泛接受使纠纷能够及时的处理,维护了社区的和谐团结。民间规范价值主体化促使人们对共同的价值标准理解内化为自己的思维方式,这样在面对冲突时就能够冷静合理的处理,在细节上做斟酌,互相体谅和理解,而非置气争斗。民间规范价值的主体化的实现促使民间规范及其价值标准成为人与人之间的默契,才能形成良好的秩序,促使民间规范在社会治理中发挥化解纠纷、稳定社会秩序的积极作用。

二、民间规范价值的现实化

民间规范具有自发性、灵活性,在民间规范的运作中,民众本身不仅仅是立法者,也是执行者、监督者,这种身份的合一促使人们能够自觉遵守行为规范,社会主体遵守规则不是因为外在的强制力,而是因为对规则的接受和内化,不是因为惩罚的后果,而是行为者本身对规则维护。

1. 自由价值的实现。与国家法相比较而言,民间规范体现的自由更强调共同体的作用。在规则的制定过程中,人们可以更为方便自主的发表意见,"可能会出现冗长的辩论、观点的分裂,所有的观点都可以得到代表,所有的论点都可以得到散发,所有的利益都可以给予其恰当的分量"[1],而且当某种规则阻碍自由实现的时候,人们能够及时通过协商来调整规范,因此,协商是自由的前提。这就弥补了国家法构建自由价值的过程中将个人原子化、导致人们社会生活的孤立,对公共事务的冷漠,出现公地悲剧,邻避效应等问题的缺陷。通过在一些领域中发展民间组织,设立民间规范,能够培养公共生活习惯,使自由价值与利他主义结合起来。

2. 民主价值的实现。民间规范能够在一定程度上通过激发社会参与者主体性的自觉,形成社会参与者的公民治理能力,实现民主价值的实现。现代法治不仅是社会秩序的实现,更是现代社会参与者民主精神、规则精神的树立。民间规范价值实现的过程就是一个"立人"的过程,民间规范价值的实现能够在一定程度上通过激发社

---

[1] 张洪涛:《法律的嵌入性》,东南大学出版社2016年版,第153页。

会参与者主体性的自觉,形成社会参与者的公民治理能力。主体性自觉是社会治理现代化的关键因素,社会参与者治理能力是国家治理能力的重要因素,民间规范以交往为基础,以理解为目的特性,基于共同体互动中的生活实践,大家可以在一起讨论,每个人都有发言权,能够有效促使民主价值实现。

3. 效率价值的实现。由于民间自发形成的特点,民众本身就是立法者,对社会现象的反映更加及时迅速,基于其民主协商的便捷性,能够及时调整行为模式,因此更具灵活性。所以,采用民间规范解决社区治理问题,居民更加信服民间规范,能够高效地达成一致,构建居民之间的良好的关系,形成互帮互助和信任的邻里关系,使得社区事务的处理便捷、高效。同时,以民间组织为载体,以民间规范为依据,建立了一个有效的居民与政府之间交流的平台和机制,使得居民与政府的沟通便捷、高效,同时也提高了政府在社区中的信任度和亲切感。通过这样的治理方式,降低了政府社会管理成本、提高了政府公共服务的效率。

4. 秩序价值的实现。民间规范是人们日常生活交往行为规范,因此民间规范的秩序建立在人们对行为规范本身的承认和内化上,遵守秩序受到社区内的普遍的积极评价,所以人们能够更加自觉自愿的遵守民间规范。同时,在居民权利维护问题上,居民能够找到途径表达权益,发表意见,理性协商解决问题。这样,民间组织与民间规范就具有了一种"安全阀门"[1]的作用,在居民内部的讨论是开放的,虽偶尔吵得面红耳赤却不会大动干戈,达成一致意见后又能够与政府、物业等进行沟通,使矛盾及时化解而不至于积聚。这样就形成了一种基于认同和信任的秩序价值,形成一种互相理解、互相帮助、互相宽容的社会伦理。这种伦理观念与中国传统文化中的"仁

---

〔1〕 参见[美]刘易斯·科塞:《社会冲突的功能》,孙立平译,华夏出版社 1989 年版,第 25 页。科塞认为,群体内部的冲突有助于解社会敌意的积累,如同高压锅的转动阀,细细地、持续地散出锅中热气。

义”“谦让”“孝悌”的价值观念具有兼容性。而且,这种与传统文化价值观念相兼容的秩序价值实现不是利益的最大化,而是互惠的最优化,在交换中包含了非利益的考虑,这样的交换维持了一种信任而非理性计算的关系,这样的秩序更持久而不易断裂。

第七章　法治价值构建中国家法对民间规范价值的吸收与规制

民间规范价值在一定的文化结构中具有自我生成、自我强化、发展变迁的动力和机制。生活在民间规范秩序中的人们会自觉维护民间规范价值。国家法如果忽视民间规范价值，就可能会造成“一个法律更多而秩序更少的社会”，因此，国家法如何应对民间规范就成为我们必须面对的问题。

第一节　国家法对民间规范价值的吸收

一、国家法吸收民间规范价值的必要性

社会共同体本质上是哈贝马斯意义上的“生活世界”，是整全性、多向度的而不是单向度、片面性的。而价值的生成、实现都必须一定的社会共同体为载体，“价值总是随着具体的主客观关系发生或消失，它总是特定情境中的‘这一个’。离开了具体的主客体情境，原来所发生的价值关系或情境就不复存在”[1]。因此，价值构建也必然要与共同体的特质相契合。因此，法治价值的构建必然要符合“生活世界”的特点——多向度的、全面的。这就决定了国家法

[1] 李德顺：《价值论》，中国人民大学出版社 2013 年版，第 59 页。

“中央辐射式”治理无法全面的体现、反映社会多元价值。这也就决定了民间规范在法治价值构建中具有重要意义，国家法必须吸收民间规范及其价值。

(一)社会的“生活世界”

“生活世界”，最早出现于胡塞尔的先验现象学哲学，而在哈贝马斯那里，“生活世界”不是先验意义上的“共同被给予”，而是互动的参与者相互界出的“共同视界”〔1〕，本质看法治价值构建的多元性。

社会事实上是未经思考的直观的世界。“生活世界总是作为不成问题的、非对象化的和前理论的整体性作为每天想当然的领域和常识的领域让我们大家直觉的感知到。”〔2〕协调社会的规范往往是多元的，而不是单一的。社会是一张“无缝之网”，社会成员的衣食住行、喜怒哀乐、生老病死都交融其中，无法割裂，这就注定了社会治理并非“铁路警察，各管一段”，而是互相交融，混为一体的，具有多元性、复杂性、整体性。从社会的参与者来看，社会是人们日常生活的场域，在这个场域中人的行动的依据更多的是经验、传统甚至人性本能。社会中的人不会是抽象理论中的纯粹概念或者标签，而是在一个共同的时代背景下生活的人们，这样的群体既非卢梭意义上的道德公民，亦非霍布斯式的丛林之狼。他们不能用一些假想的理论来简单描述，而是一个个活生生的人，或许更像是“无知之幕”后的人，他们考虑到个人的利益同时也衡量着公平，既非绝对的经济人，亦非绝对的道德人。因此，法治价值构建要体现个体的需求，就必然是多元的。

---

〔1〕 参见沈语冰：《现代性哲学的主题》，载《浙江学刊》2003 年第 2 期。本书更倾向于哈贝马斯的解释。

〔2〕 [德]哈贝马斯：《后形而上学》，曹卫东、付德根译，译林出版社 2001 年版，第 80 页。

（二）国家法主导的“中央辐射式”法治价值构建模式的局限性

随着现代化的进程，功能分化、系统分化导致人类群体组织形式也在日益表现为理性化组织形式。随着社会治理日益形式理性化，国家法也相应地呈现系统化、理性化特点，以国家法为主导的法治价值构建也往往呈现“中央辐射式”模式，即在价值构建中，法治价值观念以中央辐射的形式，依靠国家法的明文规定和国家政策，利用科层制组织的力量进行宣传。价值构建具体方式往往是以国家立法机关公布的法律法规为依据，由政府部门出台价值宣教政策、法规，然后逐级下达文件到地方，以层层推进和落实的方式来实现进行价值构建。可见，国家法为主导的法治价值构建必然是建构和演绎一个普遍法治价值体系的过程，这种价值构建必须做到“四海同一”“车同轨书同文”的效果。首先，在空间上上下一致，即国家层面和地方层面的立法中体现的价值必须是一致的，也是国家法内部价值体系是互相配合，并且有价值位阶，形成一个价值话语系统，以保证价值衡量的一致性、“整全性”[1]。其次，在时间上，国家法价值在一定时期内必须保持一致性，不能出尔反尔，朝令夕改，其价值指引必须保持稳定。没有普适性价值作为保障，国家法的公共规则品格就难以保障。

但是如前所述，社会的本质并非理性化的科层系统，而是共同体的“生活世界”。中央辐射式网格化治理依靠政党和政府从中央到地方的组织力量来支持日益复杂多元的现代社会运作，其发展趋向必然会导致法治价值构建内涵的片面和外延的限缩。其一，在社会层面方面，中央辐射式构建在面对日益复杂多变的现代社会时有着先天的缺陷，好比用筐子舀沙，再细密的网格也不能完全的把社会的复杂性涵盖。很多的民间社会中的价值需要和价值观念就被忽略了，这就导致法治价值对民意的吸收不足。其二，在社会参与者参与

---

〔1〕 See Ronald Dworkin, *A Matter of Principle*, Harvard University Press, 1985.

积极性方面,将国家法置于价值构建的核心,国家机关作为国家法的代表就扮演了“宣教者”的角色,一般大众则扮演了“被教育”的角色,这就压制了大众的价值主体性,形成集体行动中的依附主义的策略模式依附主义模式,也有学者称为“庇护主义”,指的是地位较高的庇护者利用自己手中的权力、资源向地位较低的个人或群体施以恩惠或利益,被庇护者则向庇护者回报以支持、忠诚或服务,从而形成较为稳定的互惠关系。〔1〕,无法实现从被动的“臣民”到主动的“公民”的转换,这就极有可能导致人们走向价值虚无主义的思想桎梏中。以社会治理最基层的城市社区治理为例,在当前“街道办-居委会”的基础社会治理模式中,社区依靠政府和居委会——政府委派下的次生权力——进行治理,而治理中一方面是政府和居委会筋疲力尽,无法满足居民的需要;〔2〕另一方面是居民处于被动的地位,成为社区公共活动中的陪衬和幌子,没有参与的积极性,最终导致社区治理中价值构建效果不良,更多的是追求趋利避害的机会主义,没有形成大家共同积极维护公平正义的价值观念,“辖区居民受经济理性的影响……对公共事务采取了听之任之的冷漠态度”〔3〕。

(三)国家法为主导的法治价值构建吸收民间规范价值的必要性

民间规范事实上就是群体达成的非正式规则,民间规范可以分为继受的民间规范和生成的民间规范。其中生成的民间规范是基于同意、以相互认可为基础的而形成的,继受的民间法是继受传统,风俗习惯而成,但是继受的风俗习惯在形成之初也是基于互相认可而

〔1〕 参见陈尧:《庇护关系:一种政治交换的模式》,载《上海交通大学学报》(哲学社会科学版)2012年第4期(总86期)。

〔2〕 参见杨爱平、余雁鸿:《选择性应付:社区居委会行动逻辑的组织分析——以G市L社区为例》,载《社会学研究》2012年第4期。

〔3〕 张宝锋:《社区参与动力缺失原因探源》,载《河南社会科学》2005年第4期(第13卷)。

生成的，其本身也会不断的基于互相的认可和同意而变革。任何规范都不是一个绝对客观的物，而是“冲突的社会事实相博弈、矛盾的主体需求相权衡、对立的利益主张相妥协的结果……它自身蕴含着多元冲突社会中不同主体之多元的意义期待”[1]，民间规范源自民间，形成域主体交往实践中，从根本性质上讲民间规范是以交往为基础，以理解为目的社会自我生成的非国家法规范，效力来自人与人间相互认可。因此，民间规范提供多元价值资源渠道，从而为法治价值构建对多元需求的满足奠定基础，民间规范观照到独特的、个性化的个体价值需求，从而为弥补国家法在法治价值构建中忽略个体价值需求的不足之处。

社会的生活世界本质和国家法“中央辐射式”运作模式的先天缺陷决定了现代社会治理必然是民间法与国家法多元规范的治理。“法治社会之‘法’，是回应性的国家法与之融贯的自治规则等构成的多元规则体系”[2]，社会治理需要国家的规范，但也需要民间法的内在支撑，在社会法治化的进程中“国家法应当合理收缩”[3]，为民间规范预留空间。同时在法治价值构建中国家法也需要民间规范，国家法必须正视、考察、吸收民间规范及其价值，[4]这既是保护本土文化的要求，更是国家法不断完善自身的必要措施。总之，在法治价值构建中，民间规范的支撑作用十分关键，国家法必须吸收民间规范价值，才能实现社会多元价值需求与规范的多元供给之间的平衡。

二、国家法吸收民间规范价值的可行性

法治价值的构建从来都不是仅仅在国家法之中设定某种先验的

[1] 谢晖：《法律意义的追问——诠释学视野中的法哲学》，商务印书馆 2004 年版，第 7 页。
[2] 江必新、王红艳：《法治社会论纲》，载《中国社会科学》2014 年第 1 期。
[3] 江必新、王红艳：《法治社会论纲》，载《中国社会科学》2014 年第 1 期。
[4] 参见谢晖：《大、小传统的沟通理性》，中国政法大学出版社 2011 年版，第 43 页。

抽象的原则就可以演绎出来的，而是多元规范共同参与经过历史变迁而生成的。价值构建“不是直接裸露的、某种现成的存在，它是需要人们积极澄清或追求而‘形成、达致’的结果”[1]，它是“沉浸了悠久的历史智慧后所组成的关于自我与他者、个体与群体的共识”[2]，因此，国家法吸收民间规范价值本来就是符合法治规律的，具有可行性的。

（一）民间规范价值与国家法具有契合性

民间规范价值具有独特性，但是这并不意味着民间规范价值与国家法矛盾，在很多情况下，民间规范价值与国家法具有契合性。

1. 很多民间规范在价值上与国家法是一致的。对于维持共同体核心秩序、保障共同体成员权利方面，民间规范价值所追求的正义与国家法并不矛盾。在《关于林木盗窃法案的辩论》一文中马克思就明确指出了维护民间规范中正义的重要意义。在马克思看来，盗窃罪的确立应当考察地方民间规范，在盗窃林木案中，捡拾树枝民间规范代表了人民基本生存权利，民间规范构筑了民间正义、民间秩序，此时的人权保障所依靠的不是别的，正是民间规范的正义。例如苗族侗族地区的用水习惯法、防火习惯法、环境保护方面的习惯法等，是有利于社会秩序的、在价值上与国家法一致的，还汉族地区广泛存在的民间借贷中的“合会”等民间规范，其在形式如利率，期限，借贷凭据等是符合法律的规定的，也是有利于社会经济发展的。例如少数民族地区的民间规范中含有独特的价值观念，例如回族地区存在的“则提卡”[3]制度，在价值上以宗教教义为根基，但是其对社会保障的维护与国家社会保障制度的人权价值有所不同，但是二者并不矛盾，而是一致的。

---

〔1〕 沈湘平：《价值共识是否以及如何达成》，载《哲学研究》2007年第2期，

〔2〕 薛军：《良法何在？——论法治的价值基础》，载《比较法研究》2001年第4期。

〔3〕 参见韩富祥：《回族习惯法中的“则卡提”制度及其对我国立法的可能贡献》，载《民间法》(第16卷)2015年第1期。

2. 民间规范价值多元，往往与国家法产生差异，但是二者并非不能融合。一些独特的民间规范在价值在一定情况下可以通过制度细节的调整而实现互通互融。例如，赔命价民间规范与国家刑事法治存在冲突，前者是藏族文化的产物，后者是现代法治文化的产物。但是可以通过修正民间规范的制度细节而实现二者的融合。赔命价中的合理价值应当尊重，不合理的价值应当修正，事实上，在藏区的刑事司法适用中，赔命价已经通过现代司法机关的修正而获得了运用。[1]首先，赔命价的纠纷解决程序可以直接纳入司法解决渠道，成为司法调解的一部分。其次，可以将赔命价规范的实体内容中的合理部分作为"赔偿被害人经济损失，取得被害人谅解"的量刑依据，具体额度可以由司法机关调查之后确定标准，使其成为法定量刑依据，从而实现赔命价与国家法的融合。已经有学者依据赔命价的价值依据与规范细节提出了修正的具体方案，"命价"包含了七种费用，其中丧葬费、煞尾费、超度费应当成为赔偿被害人经济损失的内容。[2]最后，对于赔命价民间规范中的不合理部分，如完全免除加害人刑事责任、加害人承担无限责任、加害人家族株连责任等，必须禁止。这样，制度细节调整就作为"安全阀"机制实现对民间规范价值与国家法价值冲突的化解，实现二者的融合，一方面尊重和保护了民间规范的文化基础，另一方面促进了国家法的可接受性，形成和谐发展的局面。

（二）民间规范价值自我更新是其与国家法价值融合的有利条件

民间规范会随着时代自我调适、自我更新，民间规范价值也是如此，在社会交往实践中，民间规范会主动吸收外来的价值因素。在第

---

〔1〕 参见淡乐蓉：《藏族赔命价习惯法研究》，中国政法大学出版社 2014 年版，第 166 ~ 173 页。

〔2〕 参见王林敏：《藏区赔命价习惯法与国家刑事法制的冲突与消解》，载《甘肃政法学院学报》2014 年第 6 期。

三章中，笔者已经分析了民间规范价值随着时代变迁而不断自我发展的基本原理，即民间规范的运行提供了主体互相批判的平台和空间，允许不同的声音出现，这就为民间规范适应实践需求、吸收新的价值元素提供了路径。民间规范的这种特性决定了其在价值构建上可以吸纳不同主体的价值取向，通过不断反思整合这些“前见”而不断再生形成新的价值共识。民间规范的这种新陈代谢的机制能够让民间规范吸收新的价值、淘汰落后于时代的价值。因此，民间规范价值并不是食古不化、僵死不动的，而是在实践中不断地自我调适。当实践发生变化时，民间规范会被不断地被修正、完善，吸收现代社会的价值因素。

例如，广西大瑶山地区的《大瑶山民族团结公约》就是传统瑶族石牌制民间规范自我调适，与现代民主、平等价值结合的产物，既保持了瑶族固有习惯法的精神价值，也吸收了民主协商等现代法价值。再例如，在一些学者的考察中，传统民间规范在现代社会条件下“升级改造”，吸收了民主、公平价值，在经济体制转型中发挥了积极作用。[1]在江浙地区民间金融规范“合会”的发展中，民间规范根据现代商业化的社会实践改造自身，促使这一民间规范与现代法治价值结合起来，吸纳了现代商业的程序正义等价值。“合会人员构成上，从强连带亲属关系圈到以亲属关系为核心扩展到单位同事、生意伙伴、同学、朋友等更大的熟人圈子，相比于过去，当代民间合会在会单制作与合会程序方面逐渐趋向规范”[2]，这其中就体现民间规范价值自我调适机制，这种机制为国家法吸收民间规范提供了有利条件。

[1] 参见陈国权、曹伟：《人情悖论：人情社会对经济转型的推动与钳制——基于温州模式的历史考察》，载《国家行政学院学报》2013 年第 1 期。

[2] 李学兰：《信任与秩序》，载《山东大学学报》（哲学社会科学版）2008 年第 4 期。

（三）在价值构建的过程中，国家法已经为民间规范留下了空间

1. 国家法的模糊性为民间规范留下了空间。国家法作为明文规范，必须通过文字对社会实践作出表述，进而加以规范。但是，文字自身是具有局限性的，文字是对社会事实抽象化的结果，抽象就意味着失真，社会实践的真实情况与文字表述必然存在差距；而且文字必须保持意义的确定，以此来稳定行为期待、安定人们内心，但是实践是不断变化的，在发生变化的时候，文字就必须在心得实践情境中得到新的解释。这就为民间规范留下了空间，这种空间主要体现在对国家法与社会实践产生距离时，民间规范以及内涵于民间规范中的民间价值观念作为国家法规定的解释依据被吸收进入国家法中。例如，德国刑法有关保护野生动物的刑法规范中就需要刑事民间规范来作为国家法规定的解释的依据，“根据《德国刑法典》第 292 条规定的‘可捕猎动物’的理解上，习惯法规则起到了相当重要的作用”[1]。

2. 国家法的谦抑性为民间规范留下了空间。不仅仅是刑法具有谦抑性，民法、行政法等法律也具有谦抑性。[2]这种谦抑性主要表现在国家法的任意性规范中，国家法往往通过任意性规范的方式不对社会交往的具体行为方式作出明确规定，而是以授权、放任的规范形式留给民众根据自己享有的权利自由发挥的空间，这就为民间规范及其价值留下了空间，让民间规范来承担指引行为、定分止争以稳定人的行为期待的重任，让民间规范价值来作为秩序构建、社会正义的价值标准。例如，《民法总则》第 10 条规定，“处理民事纠纷，应当依照法律；法律没有规定的，可以适用习惯，但是不得违背公序良

---

[1] 杜宇：《重拾一种被放逐的知识传统——刑法视域中“习惯法”的初步考察》，北京大学出版社 2005 年版，第 203 页。

[2] 参见王立争：《民法谦抑性的初步展开》，载《法学杂志》2009 年第 7 期。张弘：《论行政权的谦抑性及行政法的相应对待》，载《政法论丛》2017 年第 3 期。

俗”,这正是在法律中明确为民间规范留下了空间,让民间规范以及包含与其中的民间规范价值能够进入国家法中,被国家法所吸收。

总之,民间规范是“基于主体需要自发形成的规则,认可和接受是民间规范得以生存的基础”〔1〕,以理解沟通之言,行共同旨向之事,在形成规则的同时形成对规则的达成共识,能够有力地实现在国家法没有明确规定的社会关系中构建规则与秩序的功能,与国家法共同构建法治价值。

三、国家法吸收民间规范价值的具体路径

(一)国家法吸收民间规范价值的桥梁——民间规范

民间规范价值是存在于人们内心的精神世界中的,不见于外部世界的,因此,国家法对民间规范价值的吸收必须结合可见的规范现象来分析,民间规范就是民间规范价值可见的外化物,这样民间规范价值就具有了可识性,通过这些“外化物”作为桥梁,才可以实现对民间规范价值的吸收。将民间规范作为国家法吸收民间规范价值的桥梁,通过对民间规范的类型分析,从规范角度进行应对的规范模式。具体来说,首先,可以通过概括民间规范的类型结构而纲举目张的概括出民间规范价值类型,而且这种类型划分以规范为基础,就能够与国家法契合,为国家法吸收民间规范价值奠定了合理基础。其次,通过对民间规范的应对来明确国家法吸收民间规范价值的具体方式,将国家法对民间规范价值的吸收落在实处,具有可操作性。

(二)国家法吸收民间规范价值的事实基础——民间规范的复杂实践

要正确处理国家法对民间规范价值的吸收问题,就必须从一个

〔1〕 李杰:《论民间法在社会治理中的作用及介入途径》,载《甘肃政法学院学报》2015年第1期。

整体全面的视角考察民间规范具体的形态和运作方式，根据民间规范的具体情况来作出不同的处理。而要实现这种整体视角的理论观察和分析，从规范分析角度出发可以从整体上将民间规分为三个类型：效力仅涉及交往主体双方的民间规范、效力涉及自治共同体内部的民间规范和效力涉及不确定第三人的民间规范。

第一种是效力仅涉及交往主体双方的民间规范，即在个人交往中两个特定主体形成的仅对约定者有效的民间规范，此类民间规范多为司法实践中的“交易习惯”[1]，其中包含了公民自主自由的基本价值理念。人们在社会交往中为了节约交易成本，或基于某种特殊的习惯，形成一定的针对双方的民间规范。这种民间规范是基于自愿而形成的，而且只涉及交往双方的私人利益，因此，此时如何构建秩序是个人自由，只要不违反法律规定，公民可以自由安排自己的事务，此时，国家法就应当表现出谦抑性的性质，明确规定国家法尊重、不干预这种民间规范，这种民间规范不属于国家法直接调整的范围，以确保公民自治空间。国家法对这些民间规范的认可是对社会自治的保障，也是对个人自由的保障。国家法通过尊重、不干预这种民间规范的方法也能够获得可接受性、获得人们的认同，在价值上体现出对公民自由的保障，对公民独特价值观念的维护，“习惯进入法律之中，是法律获得人性的最好途径和形式；在某种程度上，意味着法律获得了人性，体现了人性，保护了人性；最终保证法律是‘人的法’而不只是‘国家的法’，是‘民法’而不是‘王法’”[2]。

第二种是效力涉及自治共同体的民间规范。现代社会中社会自治是社会治理的主要方式，在自发形成的自治共同体中也会出现各种民间规范，这些自治规范效力作用于共同体范围内，是共同体成员行为的共同约束，是共同体利益平衡协调的结果，也是共同体价值观

[1] 参见彭中礼：《交易习惯在民事司法中运用的调查报告——基于裁判文书的整理与分析》，载《甘肃政法学院学报》2016 年第 6 期。

[2] 张洪涛：《法律必须认真对待习惯——论习惯的精神及其法律意义》，载《现代法学》2011 年第 2 期。

念的表达。这种民间规范是基于主体的协商而达成，一方面具有自发性，是个人自由的体现；另一方面具有集体性，是自治共同体共同利益的结晶。因此，当自治共同体中的个人违反这一民间规范之时，损害的不仅仅是个人的利益，还影响了自治共同体整体利益。对于此类民间规范，国家法应当充分尊重和吸收，一方面因为这类民间规范维持了一定范围内的社会秩序，形成一定的自律机制；另一方面，这类民间规范具有稳定性，当外部力量试图干预、打破民间规范的行为模式时，自治共同体往往就会成为维护民间规范内容稳定性的力量。例如，在埃里克森笔下的夏斯塔县，国家法不遵守、吸收民间规范，就会成为"对他们所信仰的生活方式的侵扰……在夏斯塔县，牧人们之所以以死坚决的为他们的习惯性规范而斗争，就是为了维护'在夏斯塔县，牧人仍然是天下老大'的符号性地位"〔1〕。所以，立法必须以合理的方式尊重、吸收这种类型的民间规范，尊重、吸收其中的价值观念。

第三种是效力涉及不确定第三人的民间规范。这类民间规范往往在一定区域内具有普适性，在规则上有一定的普遍一致性。一个典型的例子就是典权制度。典权是我国传统中的独特物权制度，其起源于南北朝时期的"帖买"，在以西方化为主要指导思想的清末修律中，典制度被排除在法典之外，之后就一直以民间规范的形式出现在社会生活中。在我国现行《物权法》的立法过程中，典权并没有进入立法，作为民间规范存在于民事生活中。但是，典权的非正式法地位并没有导致消亡，而是获得了蓬勃发展，在中国典当行业协会进行的不完全统计中，截至 2013 年年底典当行业企业数量达到了 6833 家，仅 2013 年全国典当行业累计发放当金 3336 亿元。〔2〕这种民间规范就不仅仅涉及了交往双方当事人的利益，还涉及了不特定第三

〔1〕［美］埃里克森：《无需法律的秩序：邻人如何解决纠纷》，苏力译，中国法制出版社 2003 年版，第 15 页。

〔2〕参见《中国典当行业现状分析》，载 http://mt.sohu.com/20160131/n436439121.shtml，最后访问日期：2016 年 11 月 9 日。

人的利益，涉及了公共利益。对于这类民间规范应当如何应对？有学者提出的"以不动产质押制度代替典权制度"[1]。这种看法一方面忽略了典权民间规范的社会秩序构建效力，另一方面忽略了典权民间规范中包含的中国传统交易方式中独特公平、效率等价值形式。这我们不能因为其现在游离于国家法之外就认为其不符合现代法治的要求，试图以现行国家法的规定来代替民间规范，而应当合理吸收其规范形式，明确其法律地位，进而将其价值内涵吸收进入国家法中，促使国家法更加完善，更加符合实践需要。如针对典权民间规范，我们可以在法律中明确典当的标的物范围、回赎期限、回赎条件、转典、风险分配等一系列规范，充分利用这种规范资源，促进市场交易的公平、效率，而不是淘汰、消灭它。

总之，民间规范的实践是复杂的，经过更为细致的观察，我们可以看到民间规范及其价值存在的三种类型。相应地，在对其进行立法吸收时也必须采取不同的策略和规范形式。

（三）国家法吸收民间规范价值的复杂规范模式

上述对民间规范的描述已经表明民间规范不是单一的，所以相应的国家法对民间规范的吸收模式也不应该是单一的，而应该是系统的。具体来说三种类型的民间规范对应着三种国家法吸收模式：补充性任意性规范、解释性任意性规范和强制性任意性规范，也对应着相应的规范形式和规范语词。

1. 对仅涉及交往主体双方利益的民间规范应采取补充性任意性规范的方式进行吸收。仅涉及交往主体双方利益的民间规范是公民自治基础上的行为规范，在立法中对其认可就是对公民自由的保障，因为公民交往过程中自发形成的民间规范被认可为构建交往秩序的依据，实际上肯定了公民创设交往规则的自由。同时也需要明确公民自由的界限，自由是建立在秩序基础上的，民间规范的运行不

[1] 马新彦：《典权制度弊端的法理思考》，载《法制与社会发展》1998 年第 1 期。

能破坏国家法系统的统一和稳定。这时,补充性任意性规范就可以把国家法与民间规范结合起来,用补充性任意性规范来体现当事人以自由意志安排自我利益的优先性。一方面在国家法没有规定情况下由民间规范调整;另一方面国家法有明确规定的,由国家法调整。这样就一方面对民间规范进行了吸收,另一方面又确保国家法体系的统一。

2. 对于涉及自治共同体内部利益的民间规范,应当采取解释性任意性规范的方式进行吸收。自治共同体一方面是个人自发形成,其本质上具有个人性,但同时又在自治团体范围内具有公共性。对于这种民间规范,一方面基于其生成的自发性、个人性,需要国家法对其尊重以保障公民自由;另一方面基于其"一定范围内的公共性"而需要国家立法予以一定程度的规制,以保障其秩序的合理公正。应当采用解释性任意性规范形式来对这类民间规范及其价值进行吸收。"所谓解释性任意性规范,是指目的在于详细说明当事人所期待的和所表示的法律效果,以消除意思表示中不清楚或不精确内容的任意性规范"〔1〕,从这里的理论界定中我们可以看出,解释性的任意性规范就是对民间规范进行一定程度的规制,同时又留下一定的解释空间,让民间规范来发挥解释作用。通过这样的规范模式,就可以一方面赋予代表自治性团体利益的民间规范以效力空间,另一方面又对其大致的规范框架和价值取向予以引导和规制。

3. 对于涉及不确定第三人公共利益的民间规范可以采取强制性规范的吸收方式,选择其中合理的部分直接以强制性规范的形式纳入国家法中。民间规范本身就是国家法的立法渊源,在第二章对民间规范价值的历史分析中已经说明,国家法吸收民间规范及其价值是法治发展史中普遍存在的现象。当一种民间规范在一定区域中达到一定的普适性时,国家法就应当对其进行筛选和整合,其进行科学合理的整理、识别、利用,纳入立法,才能为社会主体的行为提供稳

〔1〕 王轶:《论合同法上的任意性规范》,载《社会科学战线》2006年第5期。

定的引导。强制性规范是一种“要求当事人必须采取特定行为模式”的规范。用强制性规范可以将涉及社会公共利益的民间规范转化为具有强制力的国家法，将这类民间规范直接纳入正式法律规定，让民间规范转变为国家法，民间规范价值成为国家法的价值理念。通过对民间规范的直接吸收，内涵于民间规范中的价值理念，如家庭伦价值、商业伦理价值就参与了法治价值的构建，例如《日本民法典》将日本传统家族民间规范直接纳入了法典中，在家事法方面对家族传统价值伦理的充分尊重。

在这里需要说明的是，强制性规范不同于强行性规范，强行性规范是“不得通过当事人的约定排除其适用的法律规范”，而这种“强行”表现在两个方向上，一个是要求行为人必须按照规范去做某事，即强制性规范，而另一个是要求行为必须按照规范不去做某事，是禁止性规范，下一节有关国家法对民间规范价值的引导中加以详述。

（四）国家法吸收民间规范价值的具体呈现

民间规范的实践现状是复杂的，因此国家法对其进行吸收的规范模式要根据不同情况分别予以回应，同时不同的规范模式以不同的规范形式展现出来。

1. 补充性任意规范——“……有习惯（民间规范）的除外”

在社会生活中，人们的大多交往行为仅涉及交往双方的利益，在这种情况下在交往中形成的交易规范往往具有优先性。一方面，这种规范是人们根据具体实践要求构建的规范，更加符合双方需要，高效便捷，因此人们展开交往活动时也往往不假思索地依赖这种民间规范，而不会首先去翻看检索法律条文。另一方面，国家法不可能事无巨细地将所有社会事实纳入规定之中，由于仅涉及交往双方利益的交往实践行为没有影响公共利益，所以“往往不对这些行为进行详尽的规定，因为这过于麻烦，也太花时间”[1]。因此，国家法对这

---

〔1〕 王轶：《物权法的任意性规范及其适用》，载《法律适用》2007 年第 5 期。

类民间规范的吸收可以采取补充性任意性规范的形式，允许人们“自我立法”，自己创立属于自己、适合自己的规则，来体现当事人以自由意志安排自我利益的优先性，“从交易惯例抽象并形成立法上的交易规则即补充性任意性规范，最能体现当事人之间的利益平衡”〔1〕。这种规范模式常常以“……有习惯（民间规范）的除外”形式出现，例如《合同法》第293条规定：“客运合同自承运人向旅客交付客票时成立，但当事人另有约定或另有习惯的除外。”

2.解释性任意规范——“……规定不明确的依照习惯（民间规范）”

对于涉及自治共同体内部利益的民间规范，国家法就必须在授权与管控之间取得平衡，此时就需要解释性任意性规范来“原则性地调整”这类民间规范。所谓“原则性调整”就是国家法设定大致的行为框架，而将进一步的详细规则的制定交给社会主体自己去完成。“立法之法一如所有其他文字作品，亦同样具有开放性或‘未完待续’本质”〔2〕，因此，国家法往往是“原则性法典”〔3〕，而不是面面俱到、事无巨细的。也已经有学者指出民法典编纂中也必须体现这种“原则性法典”的立法理念。〔4〕对于涉及自治共同体内部利益的民间规范，国家法的这种“原则性调整”更加适宜，因为这种“原则性调整”一方面为民间规范指明了方向，另一方面为民间规范留下了空间，而且解释性任意性规范是国家法优先于民间规范的规范形式，即国家法有明确规定的依据国家法，国家法没有明确规定的才以民间规范为依据。通过这一方法确保国家法稳定与变动性的平衡，保持国家法的生命力。

现有的国家法中已经有很多解释性的任意性规范来应对民间规

〔1〕刘铁光：《论补充性任意性规范的目的及其实现——以保证期间为例的验证》，载《西南政法大学学报》2014年第4期。

〔2〕周赟：《论立法的待续本质》，载《哲学研究》2015年第1期。

〔3〕参见周赟：《法典的未来——论原则性法典》，载《现代法学》2008年第6期。

〔4〕参见王利明：《全面深化改革中的民法典编纂》，载《中国法学》2015年第4期。

范,以“……规定不明确的依照习惯(民间规范)”的方式出现。例如,在《合同法》第62条中有这样的表述:“……依照本法第六十一条的规定仍不能确定的,适用下列规定:(一)质量要求不明确的,按照国家标准、行业标准履行;没有国家标准、行业标准的,按照通常标准或者符合合同目的的特定标准履行……”其中行业标准、通常标准实际上是民事主体在民事实践中自发形成的,具有民间规范性质的规范。这时候对民间规范的应对就是以解释性任意性规范形式出现的。

3.强制性规范——“主体应当……”

对于具有一定普遍性,涉及不确定第三人公共利益的民间规范应采取强制性规范的规范形式来直接吸收,以确定其运用条件、方式、撤销条件、责任分配和责任承担方式等。例如,《婚姻法》规范中的彩礼民间规范,是我国传统婚姻法观念的产物,是我国传统文化的一部分。而且彩礼民间规范具有一定普遍性,涉及的不仅仅是结婚双方的利益,还涉及了社会行为习惯、传统文化传承等问题。但是在目前的国家法中,有关彩礼的规范却始终难以进入立法视野,作为婚前财产赠与具有特殊性,与一般的财产赠与不同,应当在民事婚姻法律中得到明确的确认,可以通过确定其赠与方式、撤销方式、撤销条件、责任承担方式等规定内容,将彩礼民间规范吸收进国家法中,而且《最高人民法院关于适用〈中华人民共和国婚姻法〉若干问题的解释(二)》第10条中已经根据司法实践作出了规定,立法完全可以借鉴司法机关对民间规范的规定,合理吸收这一民间规范。而此类规范更适合以“主体应当……”的模式出现,通过强制性规范的形式对其合理部分直接吸收,为各地婚姻关系中的彩礼问题提供明确、稳定的指引。

(五)复杂认可的规范语词选择

规范语词对于国家法来说具有重要意义,“一个语言表述之所以创造了规范性,是因为它以某种特有的方式将不同的缝隙结合在一起,所谓特有的方式就是通过语言之规范功能词例如应该、禁止、允许、授权、权利、义务等将经验内容表述为义务语句"[1]。通过协调一致的规范语词构建规范才能保证国家法的准确和严谨,保证法律体系的有效和稳定。因此,有学者指出"规范体系源自于规范命题,规范性命题源自于规范词,规范词是规范体系的根基"[2]。上文中分析了强制性规范模式、补充性任意性规范模式和解释性任意性规范模式分别以"……有习惯(民间规范)的除外""……规定不明确的依照习惯(民间规范)""主体应当……"三种形式出现。那么下一步问题就是,这些规范中的规范语词应当是什么? 国家法对民间规范的吸收不仅要根据不同的实践情况辨别规范应对模式,还必须选择准确的规范语词。本书认为,三种规范模式都应该采用"应当"一词作为规范语词。

1. 从词义角度看,三种规范模式都应采用"应当"。强制性规范必然采取"应当规范语词",不必赘言。需要辨别的国家法采取任意性规范形式吸收民间规范时的规范语词选择。可供所采用的规范语词选选项有两个,"应当"和"可以"。"应当"一词表示一种明确的唯一的指引,而"可以"一词在授予权利时表示"可以选择,也可以不选择",即"可以"在授予权利时包含"可以不"的意思。[3]无论补充性任意性规范合适解释性任意性规范,都是表达一种明确的指引,例如在前面提到了《合同法》第 61 条中不能包含"约定不明的,依照民事习惯",在约定不明确的就必须按照民事习惯,若此处以"可以"一词作为规范语词,就会导致"可以按照民事习惯,也可以不按照民事习惯",这就导致了条文的无效。一般认为任意性规范应该以"可以"进行表达,以表示其授予自由选择权利的性质。但是,我们必须注意的是任意性规范并不是"任意"的,"任意性规范不仅具有补充

---

〔1〕 钱锦宇、赵海怡:《规范性语词的法律意义和范围——基于转向规范逻辑学的新分析法学的立场》,载《西北大学学报》2009 年第 9 期。

〔2〕 魏治勋:《禁止性法规范的概念》,山东大学 2007 年博士学位论文,第 25 页。

〔3〕 参见喻中:《论授权规则》,山东大学 2006 年博士学位论文,第 25 页。

适用的作用，也具有利益平衡的功能，所以也就具有强制适用的性质……针对当事人所没有协商的内容，任意性规范当然适用，这就是任意性规范的强制性”〔1〕。无论是补充性任意性规范还是解释性任意性规范，都通过“应当”的规范语词表达明确民间规范的运用强制性，实际上强化了民间规范的效力，保障主体在运用民间规范时能够自觉遵守规范内容，不会随意违反。所以从词义角度看，三种规范模式都应采取“应当”的规范语词。

2. 从立法目的来看，三种规范模式都应采用“应当”。对于强制性规范模式的认可的规范语词是“应当”，不必赘言。需要说明的是，任意性规范的表达也应选择规范语词“应当”。“任意性规范涉及的首要目的是确定性，该种确定性主要表现为规范本身含义与权利义务关系的确定性，是利益平衡得以实现的基本前提”，〔2〕其中补充性的任意性规范是“在当事人未就相关事项作出自主决定时，替代当事人自主决定的任意性规范”，〔3〕解释性任意性规范“属于协调当事人之间利益关系的法律规范……发挥让当事人不明确的意思表示变得清晰确定的作用”〔4〕，它们的目的都是对民事主体的行为模式进行确定。国家法一旦通过任意性规范吸收、认可了某一种民间规范，那么在具体案件中，当法律规定的标准都满足时，当事人就必须按照民间规范来行使权利承担义务，这里实际上也为行为主体设置了遵守民间规范的义务，行为主体不能随意违背已经形成的良好民间规范。如果任意性规范不具有这样的强制性，后果就是行为主体“任意”的对待民间规范，对自己有利时坚决主张，对自己不利时弃如敝屣，这种“利己解释”无疑会导致自由的滥用，大大提高主体交往的博弈成本，而“反复无常”的“任意态度”也必然导致诚信精神

---

〔1〕 许中缘：《论任意性规范——一种比较法的视角》，载《政治与法律》2008 年第 11 期。

〔2〕 刘铁光：《论补充性任意规范的目的及其实现——以保证期间为例的验证》，载《西南政法大学学报》2014 年第 4 期。

〔3〕 王轶：《论合同法上的任意性规范》，载《社会科学战线》2006 年第 5 期。

〔4〕 王轶：《论合同法上的任意性规范》，载《社会科学战线》2006 年第 5 期。

的流失。因此，在规范语词的选择时必须采用“应当”一词来表达任意性规范的这种限制性。可见，三种规范模式都应采取“应当”的规范语词。

3. 从司法视角来看，三种规范模式都应采取“应当”的规范语词。国家法规范必须承担构造裁判规范的任务，在审判中做出明确的指引，才能保障司法的权威。司法的依据必须准确一致，例如前述《合同法》第 61 条“不能达成补充协议的，按照合同有关条款或者交易习惯确定”，这句话的实际含义就是不能达成补充协议的，“应当”按照合同条款或交易习惯确定。如果不以“应当”这一规范语词来确立民间规范的优先地位，就会造成用法者的理解差异，在司法中各方都采取“利己解释”来实现自己的诉讼主张。而法官缺乏确定的依据，适用民间规范就会引起对其合法性的怀疑，导致对民间规范的适用总是藏着掖着，甚至在司法实践中直接忽视民间规范。

总之，国家法对民间规范的吸收应采用“应当”一词作为规范构建的规范语词。“应当”并不仅仅表达义务，其表达一种确定的指引，在应对民间规范的规范语词选择中不能片面地、僵化地套用，而是要从整体视角分析其真实的含义，满足规范功能实现的实践需求。

四、从法治运行角度看国家法对民间规范价值的吸收

现行的国家法中，如《合同法》《物权法》，并不乏有关民间规范的规定，提醒、引导人们重视民间规范。但是民间规范及其价值在法治运行中的实际地位始终难以提高，规范效力难以良好实现。在立法中，立法机关往往对民间规范以及蕴含于其中的价值理念忽视，一些本来具有良好社会治理效果的民间规范被弃之不用，尤其在一些地方立法中，人们宁愿照抄照搬上位法，也不愿关注、吸收民间规范。在司法中，司法机关尽量避免采用民间规范。对于司法机关来说，由于民间规范不具有国家法那样的明确性、强制性，一旦适用民间规范作出判决就会存在判决合法性被怀疑的危险，所以尽量不去触碰和

直接适用民间规范。即便在实际适用或援引民间规范之后，也往往会在判决书中“凭借自己的经验和智慧，运用手中的自由裁量权，对民间规范加以‘包装’和‘转化’，以法律的外衣对民俗习惯进行重新解读”〔1〕。在执法中，行政机关在处理执法事务时，往往对民间规范视而不见，忽视民间规范的价值内涵。这种忽视尤其体现为执法中以移风易俗为理由采取强制手段“任性地”限制、改造民间规范，例如曾经引起高度关注的“周口平坟事件”“江西抢棺事件”，就是行政机关以移风易俗为理由对民间丧葬规范的限制、改造。这种“移风易俗”没有改善社会治理，反倒是在破坏农村社会的秩序，最终以不了了之草草收场。事实上，民间规范是扎根人们灵魂深处的生活方式，民间规范价值是人们创造、遵循、更新民间规范的力量来源，民间规范及其价值应当成为法治建设的重要资源，而不是反向的阻力。

（一）在立法层面，民间规范及其价值可以进入立法，在立法中得到实现

立法中吸收民间规范及其价值是立法体现民族文化与民族精神的重要方法，民法学者们在对民法典编纂中对民间规范及其价值的吸收作出了很好的论述，民间规范对于民法典编纂具有重要意义，民事立法不能忽视民事生活，民法典只能是中国人民事生活的典范，因此民法典必须体现民事生活的民间性、民生性、民族性，“民法是民众约定而成的，是民众之法、民间之法、民约之法”〔2〕，必须通过在立法中吸收民间规范，才能“尊重并体现民族民事习惯，诠释民族精神和民族文化，彰显民族自信心和自豪感”〔3〕。而且，国家法并非

---

〔1〕 广东省高级人民法院、中山大学法学院:《民俗习惯在我国审判中运用的调查报告》，载《法律适用》2008 年第 5 期。

〔2〕 邱本:《论民事生活与民法典》，载《法制与社会发展》2015 年第 4 期;谢鸿飞:《中国民法典的生活世界、价值体系与立法表达》，载《清华法学》2014 年第 6 期;赵玉、江游:《民法中“民”的诠释》，载《当代法学》2012 年第 6 期。

〔3〕 吴治繁:《论民法典的民族性》，载《法制与社会发展》2013 年第 2 期。

网罗一切,不可能事无巨细地将社会生活中的一切事务加以规范,在民族自治条例、行政法规、行政规章、地方性法规、地方政府规章等立法方式中,变通性立法、实施性立法、自治性立法等多种立法方式给民间规范价值进入国家法留下了大量空间。尤其是当前法治政府建设中,政府简政放权的力度不断增大,大量政府管理事务将转移到社会自我治理中,这要求大量科学合理的民间规范与立法相结合,以提供规范支撑作用。其中民间规范价值必然随着国家法的多种形式的认可而获得认可,事实上融入了国家法之中。

(二)在司法层面,民间规范价值可以作为说服的修辞工具

法律的普遍性与司法的个案正义之间往往出现矛盾。为解决这种矛盾,跨越立法与司法之间的鸿沟,司法者需要吸收习惯法、行业公约、自治章程等民间规范作为司法适用的渊源。这样才能更好地吸收社会中多元主体的多元意见,司法裁判的过程中,法院应当积极关注民间规范,尤其是具有一定社会普遍性的社会自治规范,在具体的纠纷解决中主动寻找民间规范作为法律渊源。民间规范价值则可以作为司法说理的有力依据。在"黄呈远诉张孝清特殊侵权纠纷案"中,法官的说理就吸收了民间规范价值作为依据,"被告张孝清私自转移母亲尸骨的做法是不妥的,但鉴于被告张孝清已将其父母合葬,且父母合葬亦在社会伦理范围之内,在社会道德能够容忍的限度之内,如若再将尸骨强行挖出迁移,同样违背了'入土为安'的风俗习惯,亦是对死者的不敬"[1]。正是通过吸收民间规范价值话语,司法说理的修辞才实现了说服的效果,如果不采用父母合葬的民间规范价值修辞,其裁判可接受性就有可能打折扣。"冷冰冰的语言也许在一定程度上能够表达法律的特征,但是无法体现制定法律

〔1〕 江苏省徐州市贾汪区人民法院民事判决书(2006)贾民一初字604号。

的人的真正内心”[1],通过民间规范价值的修辞说理,更能说明立法者的价值目的,达到说服当事人的目的,实现纠纷解决的高效。

因此,司法应当“反映民族共享的价值观,以及人们对于‘合理性’以及‘公共之善’的理解”[2]。在司法中法官不仅要重视民间规范,更要重视民间规范中的价值观念,“如果判决过分的背离民间的正义观,那么民间对法院的评价就会大大降低,民间对法院的信任也会大大降低”[3]。因此,必须在司法中通过采用民间规范及其价值内涵作为裁判依据和修辞方法,才能推动司法产品中民众价值和情感的输入,这样才能“不仅使司法产品合法化,而且也使法律制度本身合法化”[4]。

(三)在执法层面,民间规范价值可以成为提高执法效率、保障执法效果的有效途径

从一般理论上讲,行政执法的目的是贯彻行政机关的决策和规定,对源自民间社会的民间规范有排斥的倾向。但是事实上,行政权实现贯彻行政机关意志的目的与民间规范价值之间并非绝对绝缘。在行政法学学术研究中已经有学者提出了“新行政法”范式转型,目标在于实现“更加成熟的体系化,更接地气的本土化,超越传统法学局限”[5],其核心是从形式法治到实质法治的发展,这在行政执法上的表现就是行政机关充分考虑民间规范,实现正式规则与非正式规则的合理融合,在这一过程中,作为具有本土性和规范性的行为规

---

〔1〕 彭中礼:《法律修辞论证研究——以司法为视野》,厦门大学出版社 2017 年版,第 189 页。

〔2〕 [美]布赖恩·Z.塔玛纳哈:《一般法理学:以法律与社会的关系为视角》,郑海平译,中国政法大学出版社 2012 年版,第 114 页。

〔3〕 邱会东:《农村房屋买卖习惯在民间的境遇——来自青岛市郊区某村庄的调查报告》,载《民间法》(第 16 卷)2015 年第 2 期。

〔4〕 [美]埃尔曼:《比较法律文化》,贺卫方、高鸿钧译,清华大学出版社 2002 年版,第 165 页。

〔5〕 沈岿:《监控者与管理者可否合一:行政法学体系转型的基础问题》,载《中国法学》2016 年第 1 期。

则民间规范就成了行政法学研究范式转型中不可不重视的一个环节。

通过吸收民间规范价值保障行政执法效果。例如,在网络相关事务的行政管理中,行政执法就要吸收新兴的网络民间规范及其价值。在网络发展中,网络社会交往主体已经基于交往行为习惯自发形成了一套灵活的规范,内容包括准入规则、交易规则、营销规则、处罚规则,有学者将其分为基础规则、具体规则、临时规则三个层次。[1] 网络社会民间规范具有专业性、技术性、自治性,这些规范通过自身独特的网络世界的方式表达着网络世界的自由、秩序、公正等价值,执法者必须尊重这种民间规范及其价值,"鉴于这些标准是保证网络运行及高效所必需的,主权者不承认也是行不通的"[2]。这就意味着行政机关在管理网络交易、网络信息时吸收网络自治规范,以此来保障网络自由和秩序,"国家只应在国家有能力以及有直接利益或者是在国家比网络社会更有能力才能介入网络行为的规制"。[3]

通过吸收民间规范价值,以此来提高行政执法的效率。将民间规范价值作为执法依据和说理修辞,以人们熟悉的话语展开行政执法能够让人们更快的接受、配合相应执法措施。如果行政执法不注意尊重和吸收民间规范价值,就会造成民间社会的抵御,影响行政执法的效率。在中山市的海岸滩涂治理中,民间规范中的"理",即一种广泛接受的直觉的道理,也是一种价值标准,事实上抵御了源自国家法的力量并约束了政府权力,而且民间规范的"理"最终抵御和限制了政府的行为。最终行政机关承认了这种民间规范中的秩序价值理念,"在一定程度上承认村镇按'理'所界定的围垦权",才最终取

---

[1] 参见杨立新:《网络交易规则研究》,载《甘肃社会科学》2016 年第 4 期。

[2] 姜世波:《网络习惯法:网络社会自治的法律规则体系》,载《民间法》(第 13 卷)2014 年第 1 期。

[3] 姜世波:《网络习惯法:网络社会自治的法律规则体系》,载《民间法》(第 13 卷)2014 年第 1 期。

得了良好的海岸滩涂治理效果。如学者指出的:"中国民间社会的理就是中国社会不成文的宪法,它修正了法律和官方政策在产权界定上的明显偏差,降低了产权界定的交易成文,无形之中支持了中国经济的持续稳定增长。"[1]在这个案例中,行政机关在行政执法中认可民间规范及其价值,在博弈中让步,降低了自身的交易成本、实现了行政执法的利益最大化,提高了执法效率。因此,在行政执法中应当尊重民间规范及其价值的地位,合理吸收而不是简单排斥。

总之,现代法治必然是民间规范与国家法多元规范的治理。"法治社会之'法',是回应性的国家法与之融贯的自治规则等构成的多元规则体系。"[2]因此,社会治理固然需要国家的规范,但更需要民间规范的内在支撑。在社会法治化的进程中"国家法应当合理收缩"[3]。在社会治理复杂需求与规范的多元供给之间,在形式法治向实质法治的转型与现代化治理的法治秩序构建中,民间规范以及蕴含于其中的民间规范价值的作用十分关键。

第二节　国家法对民间规范价值的规制

一、国家法对民间规范价值规制的理论基础

(一)国家法对民间规范价值规制的意义

1. 民间规范价值需要国家法规制。在第二章的论述中已经提到,民间规范价值极有可能出现僵化、畸形甚至恶化的问题。究其原因,民间规范是人们习惯的产物,但是由于人本性中对事物认识的不完全性很容易使自身偏离合理的轨道而走向短视、片面、无知、缺乏

---

[1] 曹正汉、史晋川:《中国民间社会的理:对地方政府的非正式约束——一个法与理冲突的案例及其一般意义》,载《社会学研究》2008 年第 3 期。

[2] 江必新、王红艳:《法治社会论纲》,载《中国社会科学》2014 年第 1 期。

[3] 江必新、王红艳:《法治社会论纲》,载《中国社会科学》2014 年第 1 期。

反思的状态中，而基于这种缺陷引发的问题往往又会由于“路径依赖”等原因不断自我复制、强化，形成民间规范价值导向偏离合理轨道。国家法面对这样的民间规范价值观念必须规制、矫正其错误，以矫正不良民间规范价值导向，改造人们对相应问题的看法和做法，以促进民间规范的良性发展。

2. 国家法规制是民间规范良性发展、保持良好价值导向的有力保障。国家法的规制为民间规范的合法运行、保持良好价值导向提供指引。国家法对人们行为的规制一方面是对公民权利的限制，另一方面也是对公民权利的保障，因为只有明确了底线标准，才能形成对人们行使权利提供基本标准框架，有了这样的底线标准，人们行为有了依据，反而能更好地表达、运用自己的权利。甚至有学者曾指出，“规定公民权利宜用禁止性规范”〔1〕，就是因为国家法的规制不是限制人们的意思自治，而是为人们意思自治的良性运行提供了明确规则，从另一个角度支持了人们的意思自治而已。〔2〕因此，不能产生这样的思维误区，即将国家法的规制误解为限制公民自由权利的现象，导致对国家法规制的偏见。相应地，在国家法对民间规范的规制问题上，也不能认为国家法规制就是要限制民间规范发展，恰恰相反，国家法规制是对民间规范良性发展、保持良好价值导向的有力保障。

（二）国家法规制民间规范价值的桥梁——民间规范

国家立法中如何民间规范价值呢？对于民间规范价值，国家立法中确立的规制原则是公序良俗原则，但是，民间规范价值是存在于人们内心的精神世界中的，不见于外部世界的。国家法无法直接规制人们精神世界中的价值观念。所以，与上一节中国家法对民间规

---

〔1〕 邓联繁，蒋清华：《论宪法规定公民权利宜用禁止性规则》，载《河北法学》2007年第1期。

〔2〕 参见苏永钦：《私法自制中的国家强制——从功能法的角度看民事规范的类型与立法释法方向》，载《中外法学》2001年第1期。

范价值的吸收一样,国家法对民间规范价值的规制也必须结合可见的、具化的规范现象来分析。民间规范是民间规范价值的“外化物”,我们可以将民间规范作为国家法对民间规范价值的规制的桥梁,通过对民间规范的规制来明确国家法规制民间规范价值的具体方式,将国家法对民间规范价值的规制落在实处。

二、国家法对民间规范价值规制的事实依据

实践中的民间规范是复杂的,需要规制的情形也是复杂的,不是简单的“一刀切”就能够解决问题的。对民间规范的实践现状缺乏细致认真的分析,对其进行的规制就难以避免“粗放”,而规范处理的粗放就会导致国家法与生活实践的脱节。因此,我们必须认真观察实践中的民间规范。根据民间规范实践,可以将民间规范价值需要规制的情形分为三种类型。

第一种类型,民间规范价值完全背离现代法治价值标准。社会转型和制度变迁过程中很容易出现有效制度供给不足的状况,这就给了基层社会中的具有政治资源、经济资源、暴力组织等优势的宗族、组织通过制定“土规则”获取利益的空间和动力,而制度变迁中法律法规尚未完善,监管与规制的难免出现漏洞,这就给了他们逃避监管的机会。这种情况下,基层社会中就会出现基于黑恶势力,为维护某些团体特权而形成的民间规范。例如,当前农村治理中的村组织的“涉黑化”问题中往往出现一些不合理的民间规范,原先的民间自治性规范因为这些原因而出现了与金钱、暴力勾兑而形成的涉黑化异变,在价值取向上损害基层民主、危害经济自由。[1]再如,有学者对某地的“行规”进行了社会学调查发现,用工单位利用优势地位延长实际工时,形成了独特的“行规”:“必须容忍工时延长、加班无

---

〔1〕 参见陈磊:《中国农村政权组织涉黑化倾向及其遏制》,载《政法论坛》2014 年第 2 期。

报酬、雇佣工种差别原则。”[1]这些不合理的民间规范是利益集团利用优势地位“共谋”而成，其根源在于民间权威的恣意，对于这类民间规范必须明确禁止。

第二种类型，民间规范的内容部分偏离现代法治价值要求。例如，有的地方村规民约中包含了开除村籍、未经同意强占债务人财产、肉刑、损害名誉等处罚方式，例如在安徽某地村规中规定：“一律禁止砍运杉、松树进村，违者按偷盗给予每人每户伍佰元罚款”。[2]国家法应当明确对这类民间规范中的不合理内容加以规制，使其规定方式更科学合理。

第三种类型，民间规范的形式、内容都符合现代法治价值要求，但是在相关的规范执行过程中发生价值偏离。例如，民间借贷中的“合会”金融民间规范，其在形式如利率、期限、借贷凭据等是符合法律的规定的，也是有利于社会经济发展的。但是在实际操作中，行为人往往会突破法律规定，出现违法行为，典型的是有的借贷人产生了非法集资的恶意，不考虑自身还款能力而扩大借贷规模，最终损害债权人利益，破坏经济秩序，还有一些直接以非法占有为目的演化为诈骗行为。对这类行为的禁止不能扩大到民间规范本身，即这种民间规范本身是具有积极的意义的，不能因为对其运行中出现了非法行为就彻底否定民间规范本身。此处必须明确的是禁止的针对的是行为的非法性，而非民间规范的非法性，明确这一点，才能避免对民间规范的误解，促使民间规范的积极方面得到发展。

三、国家法规制民间规范价值的具体路径

（一）国家法规制民间规范价值的规范形式——禁止性规范

一般而言，法律规范分为任意性规范和强行性规范，其中强行性

---

[1] 周力：《行规与国家法的非真正冲突——以“A市产业工人工时状况调查”展开》，载《民间法》（第14卷）2014年第2期。

[2] 高其才：《试论农村民间规范法与国家制定法的关系》，载《现代法学》2008年第3期。

规范是“不得通过当事人的约定排除其适用的法律规范”，因此一般采取强行性规范的形式来实现国家法的规制效果。但是，我们必须注意的是，强行性规范的“强行”表现在两个方向上，一个是要求行为人必须按照规范去做某事，即强制性规范；另一个是要求行为必须按照规范不去做某事，是禁止性规范。强制性规范在上一节“国家法对民间规范价值的吸收”中已经论述，之所以将其归入第一节中，是因为强制性规范的表现为将民间规范的内容转化为国家法的内容，虽然在转化中对民间规范有一个“取其精华、去其糟粕”的过程，但其主要着力点仍然在于对民间规范吸收而不是直接的规制。禁止性规范则不同，是对民间规范中不合理因素的直接规制。因此，本节以禁止性规范为国家法规制民间规范价值的主要规范模式展开论述。

禁止性规范并非对某种社会关系的简单拒斥，而是对其进行系统性的规制。“禁止性规范是对民事行为效力判断的方式，不能简单地认为违反禁止性规范的法律行为一概无效。”[1]法学理论将禁止性规范分为两种，一种是否定行为的法律意义，即效力上的否定，称为“效力性禁止”；另一种是直接否定行为，即事实上的否定，称为“管理性禁止”。而根据“效力性禁止”对行为效力否定的程度不同，还应当注意区分为部分无效和全然无效。因此，根据法学理论的分析，可以将国家法对民间规范的禁止分为全部禁止的效力性禁止性规范、部分禁止的效力性禁止性规范、管理性禁止性规范三种规制方式。[2]当然，需要说明的是，如同韦伯所指出的理想类型具有模糊性意义，这里的规范区分也需要根据具体的情况判断，而不是规范与事实明晰绝对的一一对应的关系，即存在可能一种情形适用于两种甚至更多的规范形式，而同一件情形也可能随着情况的变化而对应采取的规范形式也发生变化。

---

〔1〕 许中缘：《禁止性规范对民事法律行为效力的影响》，载《法学》2010 年第 5 期。

〔2〕 参见李杰：《论国家法对民间规范的复杂禁止》，载《法学论坛》2017 年第 4 期。

（二）禁止性规范对民间规范的多元规制

民间规范的实践状况是复杂的，因此国家法对民间规范的规制也必然是复杂的，禁止性规范对民间规范的规制是效力上否定还是事实上否定，是部分的否定还是整体的否定，都必须进行认真的区分，应该根据国家法的价值目标、根据民间规范的具体实践来具体分析，有区别地对待民间规范。具体来说，是禁止民间规范规则本身还是禁止从民间规范中衍生出的不当行为？是禁止民间规范整体还是禁止民间规范中的某些细节？这需要结合民间规范规则内容、文化根基、认同程度、社会效果等方面进行综合的考虑。

第一种规制类型，全部禁止的效力性禁止性规范。对外在形式和内在精神都与现代法治精神违背的民间规范，要采取完全禁止的态度。前面提到的由农村涉黑势力形成的一些不合理的“规矩”，用人单位利用优势地位形成的所谓“行规”，是在违背参与者意愿基础上强加给参与者们的，这类民间规范损害社会公平正义，在社会治理中产生的是消极影响，因此必须在立法上明确对其禁止的态度。在国家法中采取效力性禁止的方式，彻底否定其效力。

第二种规制类型，部分禁止的效力性禁止性规范。前面提到的用体罚的形式惩罚偷砍山林的行为，此类规定应当被效力性的禁止，即必须否定民间规范那种体罚性处罚规定的效力，但是其他部分的效力不能被否定，即不能因为某一条规范不合理而否定该民间规范的全部效力。部分禁止的效力性禁止性规范是一种条件性的规范，对禁止性规范的条件预设做进一步细化，即对民间规范内容进行深入考察，对其中的具体规定作出更为细致的判断。而不是仅从全面定性的角度来简单看待某个民间规范。

第三种规制类型，管理性禁止性规范。前面提到，民间“合会”金融规范中会出现非法集资等行为，对这些行为的规制应当采用管理性禁止规范。针对相关行为作出相应的规制处理，但是对于民间“合会”金融规范本身，不能直接否定其效力。这意味着必须区分民间规范与其衍生出的行为，对其行为采用管理性禁止性规范加以规制，以促进其行为方式合法化，矫正其实施方式，但是必须注意不能因此否定民间规范本身的正当性。通过这方式避免因为民间规范的规则上的瑕疵而完全否定其内涵的。很多民间规范在价值上是符合现代法治要求的，仅仅是在执行过程中发生行为异化，所以必须明确国家法规制针对的是行为的非法性，而非民间规范本身的非法性，明确这一点，才能避免对民间规范的误解，促使民间规范向积极方面得到发展。

（三）民间规范禁止的规范语词

在一定程度上，"规范体系源自规范命题，规范性命题源自规范词，规范词是规范体系的根基"。"一个语言表述之所以创造了规范性，是因为它以某种特有的方式将不同的缝隙结合在一起，所谓特有的方式就是通过语言之规范功能词例如应该、禁止、允许、授权、权利、义务等将经验内容表述为义务语句。"〔1〕因此，对民间规范的立法禁止也需要进行规范语词方面的考虑。有学者在对禁止性规范进行系统研究中指出禁止性规范的三种规范语词："不受""禁止""不得"，〔2〕根据主语是行为者还是立法者，法律条文采用主动语态还是被动语态而有不同的选择。其中，由于"立法者倾向于朴实的直陈式表述规范性的当为内容"〔3〕，因此，"不得"就成为最具标志性的，也是最常见的禁止性规范语词。但是，从民间规范的角度来说，有关民间规范的规定不仅要考虑理论上的简洁性，还要强调在不同情形下对不同主体的侧重，"为了在阐述规范的内容的同时，突出法律规制的形式性特征，在形式进一步彰显法律的尊严、突出规制的目

〔1〕 钱锦宇、赵海怡：《规范性语词的法理意义与范围——基于转向规范逻辑学的新分析法学的立场》，载《西北大学学报》（哲学社会科学版）2009 年第 5 期。

〔2〕 参见魏治勋：《禁止性法规范的概念》，山东大学 2007 年博士学位论文，第 25 页。

〔3〕 魏治勋、陈磊：《法律规范词的语义与法律的规范性指向——以"不得"语词的考察为例》，载《理论探索》2014 年第 3 期。

标指向或者要保护的主要群体或价值”〔1〕,必须根据具体实践要求采取不同的表达方式。具体来说,对民间规范进行规制的禁止性规范可以根据不同的情况采用“不得”“禁止”为规范语词。

对于“全部效力性禁止”的民间规范,应该采用“禁止”这一规范语词,因为这种情况下往往需要以国家法律本身作为主语,通过主体的强调凸显出国家法律的禁止立场。例如,“民间规范禁止含有歧视妇女的规则”,这样就能充分表达不允许这种民间规范及其价值存在的立法目的。对于管理性禁止的民间规范和“部分的效力性禁止”的民间规范,应该采用“不得”为规范语词,例如,“民间规范中不得含有涉及暴力性、体罚性措施的条文”,这样才能体现国家法对民间规范主体的明确要求,要求其在确立、使用民间规范时就必须注意将这些不合理的规则内容抛弃,同时这样也能够保障表述的精确性和国家法规制对象的精准性,避免形成国家法对该民间规范中其余部分的效力也要否定的误读。

最后必须说明的是,国家法对民间规范的规制必须以法律的形式明确确立,换句话说就是除有明确规定之外,不能随意禁止,要求国家法自我克制,不得随意“移风易俗”。对民间规范的禁止性规范必须明确,如尤其是行政机关不得在没有明确法律依据的情况下随意禁止民间规范。“法不禁止即自由”的制度落脚点就在于采取明确、清晰的法定禁止标准来保障公民自由,同理可知,对民间规范加以规制也必须采取明确、清晰的规范形式,进一步保障民间规范价值导向保持在合法、合理的轨道上,保障民间规范健康良性发展,保障公民更加合理、有效地运用民间规范。

---

〔1〕 魏治勋:《禁止性法规范的概念》,山东大学2007年博士学位论文,第25页。

结　语

“对还没有平、迁的坟头，坚决平、迁到位，不留死角”“要一战到底”，这是周口市政府网站在2012年平坟运动期间刊文内容，在这样的行政力量强制推动下，从2012年6月到11月不到半年的时间，周口市平坟三百多万座。但是，很快激起了民间反对的声音。在不断的争议与反对声中，国务院第628号令将《殡葬管理条例》第20条授权民政部门“强制执行”的语句删除，农业部新闻发言人称平坟的方式欠妥当，[1]最终，轰轰烈烈的“平坟运动”就这样不了了之。2013年春节刚过，周口市百万座坟墓被重新圆起。[2]在这一事件中，我们可以看到民间丧葬规范强大的生命力，同时我们可以看到其中蕴含的传统价值观念的生命力。民间丧葬规范的价值观念，如孝道、尊卑秩序、亲属远近秩序等，蕴含于规范内容中，尤其在坟墓的形式，埋葬位置，墓穴规格以及坟墓祭祀等方面都体现出民间规范的传统价值观念，正是这种经久不衰、根深蒂固的价值观念成为民间规范得以传承、延续的动力来源。

民间规范价值是不是可有可无的概念，而是民间规范的灵魂。人的实践活动是主体与客体相互作用的过程，“是一个人同世界的

---

〔1〕参见央视网，http://tv.cntv.cn/video/C11356/6131bebf6afd4fca9abc18626cbaccc6，最后访问日期：2019年5月7日。

〔2〕参见人民网，http://leaders.people.com.cn/n/2013/0221/c58278-20551206.html，最后访问日期：2019年5月7日。

否定性的统一的活动过程”,在这一过程中,人要超越自然、改变自然,把已存的世界变成人所要求的世界,这就必须确定“应该怎么做”的问题,这个问题的核心就是以什么样的价值观念来指导行动,构建秩序。民间规范能够在实践中产生、发展、强化,根源就在于民间规范价值的观念指引和思想统帅。如果没有这种价值指引,民间规范必然成为无根浮萍,无法保存长久的生命力。

民间规范价值不是僵化复古的观念,而是不断更新发展的动态过程。民间规范源自于传统,但是并不僵化与传统。在很多传统文化研究中,对传统的倡导往往会陷入将文化复兴演变成文化复古的陷阱中,偏重于重建君子之道、人伦精神,事实上颠倒了方法与目的,把中国传统文化复兴作为目的,社会治理转型反倒成为文化复兴的方式或者手段。事实上,民间规范是基于参与主体同意而形成的、以相互认可为基础的规范,由于这样的特性,民间规范的运行中人们能在交往实践中表达权益,发表意见,而人们的意见不是凭空产生的,而是在实践中跟随时代潮流变化的结果,当时实践中普遍存在的价值观念通过人们意见的表达而得以更新和发展,促进民间规范价值参与法治现代化、融入法治现代化。

民间规范价值不是空洞的理论构想,而是实践中的现实。民间规范价值最终落实到人身上,即让人自觉地按照民间规范价值标准行为,将民间规范价值视为构建自我的标准和批判他人的标准,让人变成一个自觉行动实践、维护民间规范价值的人。民间规范价值还会塑造某种社会关系、社会地位。价值现实化内在观念转化为外在的实际行动,“当这个同质的共同体受到一种异质的、外来的东西如国家制定法侵扰时,就会自动地、本能地、顽强地进行不同形式的反抗,就会使组成这个同质共同体的成员感到紧张、诚惶诚恐、焦躁不安,最终爆发出一股无形的力量去抵抗外来的侵扰”[1]。最后,还会实现为某种客观实物,例如民间丧葬规范中的坟墓。如果违反民

〔1〕 张洪涛:《使法治运转起来》,法律出版社2010年版,第256页。

间规范价值，民间规范共同体会对违反者实施直接的惩罚，对违反者行为进行直接干预，以此来推进民间规范价值的彻底实现。事实上，很多时候，民间规范价值对人的心理约束力比具有国家法强制力的国家法还要强。

民间规范价值不是法治建设的阻碍，而是法治发展的重要资源。民间规范价值具有独特性，与国家法价值不同，但是这并不意味着民间规范价值与国家法矛盾，在很多情况下，民间规范价值与国家法具有契合性。一些独特的民间规范在价值在一定情况下可以通过制度细节的调整而实现互通互融。同时，国家法也能够通过对民间规范价值进行规制而引导和保障民间规范良性发展、保持良好价值导向。我们不能站在国家主义视角将国家法价值视为法治价值的唯一内容而去忽视、泯灭民间规范价值，那往往是对真实生活实践没有体会、不得要领的结果，"那些戴着有色眼镜看待习惯性知识和习惯法的法律中心者应当提高警惕，传统共同体的成员也一样会戴着有色眼镜来看待正式法律规范，他们对法律的认知上的错误和行为上的排斥同样是有逻辑依据的"[1]，在法治中国的建设中认可民间规范价值，才能提高法治的价值可接受性，才能真正达到凝聚社会价值共识的目的，才能满足国家治理从"系统整合"向"社会整合"迈进，"经由法治国家向法治社会的衍生"[2]的急迫需求。

在近几年的国家重大战略部署中，民间规范作为社会治理的重要力量而被提及，《中共中央关于全面深化改革若干重大问题的决定》中提出了"坚持系统治理，加强党委领导，发挥政府主导作用，鼓励和支持社会各方面参与，实现政府治理和社会自我调节、居民自治良性互动"。其中社会自我调节必然需要民间规范作为依据。《中共中央关于全面推进依法治国若干重大问题的决定》中继续强调了"推进多层次多领域依法治理，坚持系统治理、依法治理、综合治理、

〔1〕 王新生：《习惯性规范研究》，中国政法大学出版社 2010 年版，第 201 页。
〔2〕 卓泽渊：《论法治国家》，载《现代法学》2002 年第 5 期。

源头治理……深化基层组织和部门、行业依法治理,支持各类社会主体自我约束、自我管理。发挥市民公约、乡规民约、行业规章、团体章程等社会规范在社会治理中的积极作用”。这一明确表述将民间规范被提到了一个重要的地位上,说明了民间规范对于国家治理能力和治理体现现代化的重要意义。对于民间规范研究者来说,我们不仅要发掘民间规范的规范内容,还要对民间规范中的价值理念及其运行机制进行发掘,让民间规范与国家法在规范与价值层面都能够协调融合,才能最终实现多元治理的最好效果。

法治要成熟就必须超越国家中心主义和西方中心主义的法价值观,不仅要向外看——对西方法律制度和价值观念的引入,还需要向内看——对民间规范规则和价值资源的认识和吸收。“真正意义上的抽象价值与伦理实践,需要远为复杂的本土参与的文化建构”〔1〕,从中国社会自身的实践中提取和总结,只有这样,才能真正构建出中国特色的法治体系,才能真正创造出中国独有的价值话语。本书的研究仅仅一种初步的探索,很多相关问题还需要进一步深入研究,希望能够引起读者对民间规范价值的关注,让民间规范价值在法治中国建设中释放更多能量。

---

〔1〕 李猛:《论抽象社会》,载《社会学研究》1999 年第 1 期。

参考文献

中文著作类

[1] [英]奥斯汀:《如何以言行事——1955 年哈佛大学威廉·詹姆斯讲座》,杨玉成译,商务印书馆 2012 年版。

[2] [美]埃尔曼:《比较法律文化》,贺卫方等译,清华大学出版社 2002 年版。

[3] 埃里克·波斯纳:《法律与社会规范》,沈明译,中国政法大学出版社 2004 年版。

[4] [美]埃里克森:《无需法律的秩序:邻人如何解决纠纷》,苏力译,中国法制出版社 2003 年版。

[5] [奥]埃利希:《法社会学原理》,舒国滢译,中国大百科全书出版社 2009 年版。

[6] [美]昂格尔:《现代社会中的法律》,吴玉章译,中国政法大学出版社 1994 年版。

[7] [美]伯尔曼:《法律与革命》,贺卫方等译,中国大百科全书出版社 1993 年版。

[8] 柏拉图:《法律篇》,张智仁、何勤华译,上海人民出版社 2001 年版。

[9] [美]包尔丹:《宗教的七种理论》,陶飞亚、刘义、钮圣妮译,上海古籍出版社 2005 年版。

[10] [英]波普尔:《客观的知识——一个进化论的研究》,舒伟光、卓如飞等译,上海译文出版社 1987 年版。

[11] [美]博登海默:《法理学——法律哲学与法律方法》,邓正来译,中国政法大学出版社 2004 年版。

[12] [法]布留尔:《原始思维》,丁由译,商务印书馆 1981 年版。
[13] 陈亚军:《超越经验主义与理性主义——实用主义叙事的当代转换》,江苏人民出版社 2014 年版。
[14] 陈颐:《立法主权与近代国家的建构》,法律出版社 2008 年版。
[15] 陈原:《社会语言学》,学林出版社 1993 年版。
[16] [日]大木雅夫:《比较法》,范愉译,法律出版社 1999 年版。
[17] [日]大昭保昭:《人权、国家与文明》,王志安译,三联书店 2003 年版。
[18] 淡乐蓉:《藏族赔命价习惯法研究》,中国政法大学出版社 2014 年版。
[19] [法]德里达:《论文字学》,汪家堂译,上海译文出版社 1999 年版。
[20] [美]德沃金:《法律帝国》,李常青译,中国大百科全书出版社 1996 年版。
[21] [美]罗伯特·帕特南:《独自打保龄》,虞大鹏、赵世涛、栾斌译,北京大学出版社 2011 年版。
[22] 杜宇:《重拾一种被放逐的知识传统》,北京大学出版社 2005 年版。
[23] [比]范·卡内冈:《英国普通法的诞生》,李红梅译,中国政法大学出版社 2003 年版。
[24] 费孝通:《乡土中国·生育制度》,北京大学出版社 1998 年版。
[25] 费孝通:《中华民族多元一体格局》,中央民族大学出版社 1999 年版。
[26] [法]福柯:《词与物》,莫伟民译,三联出版社 2001 年版。
[27] [美]富勒:《法律的道德性》,郑戈译,商务印书馆 2005 年版。
[28] 高鸿钧:《商谈法哲学与民主法治国——在事实与规范之间阅读》,清华大学出版社 2007 年版。
[29] [德]哈贝马斯:《后形而上学》,曹卫东、付德根译,译林出版社 2001 年版。
[30] [德]哈贝马斯、米夏埃尔·哈勒:《作为未来的过去——与著名哲学家哈贝马斯对话》,章国锋译,浙江人民出版社 2001 年版。
[31] [德]哈贝马斯:《在事实与规范之间:关于法律和民主法治国的商谈理论》,童世骏译,三联书店 2003 年版。
[32] [美]哈耶克:《个人主义与经济秩序》,邓正来译,三联书店 2003 年版。
[33] 胡平仁:《法理学》,中南大学出版社 2016 年版。

[34] 胡玉鸿:《法学方法论导论》,山东人民出版社 2002 年版。
[35] [美]霍贝尔:《原始人的法》,严存生等译,贵州人民出版社 1992 年版。
[36] [丹]杰斯帕·昆德:《公司精神》,王珏译,云南大学出版社 2002 年版。
[37] [德]卡尔·恩吉施:《法律思维导论》,郑永流译,法律出版社 2004 年版。
[38] [德]卡尔·曼海姆:《意识形态与乌托邦》,姚仁权译,九州出版社 2007 年版。
[39] [德]卡西尔:《人论》,甘阳译,上海译文出版社 2004 年版。
[40] 李德顺:《价值论》,中国人民大学出版社 2007 年版。
[41] 李猛主编:《韦伯:法律与价值》,上海人民出版社 2001 年版。
[42] 李鹏程:《当代文化哲学沉思》,人民出版社 1994 年版。
[43] 李乔:《行业神崇拜——中国民众造神运动研究》,中国文联出版社 2000 年版。
[44] 厉尽国:《法治视野中的习惯法:理论与实践》,中国政法大学出版社 2010 年版。
[45] 梁志平:《法律的文化解释》,三联书店 1998 年版。
[46] 梁治平:《清代习惯法:社会与国家》,中国政法大学出版社 1996 年版。
[47] 林语堂:《生活的艺术》,中国戏剧出版社 1991 年版。
[48] 林喆:《法律思维学导论》,山东人民出版社 2000 年版。
[49] 刘稚、秦榕:《宗教与习俗》,云南人民出版社 2000 年版。
[50] 刘作翔:《法律文化理论》,商务印书馆 2011 年版。
[51] [德]卢曼:《社会的法律》,郑伊倩译,人民出版社 2009 年版。
[52] 罗豪才:《软法与公共治理》,北大出版社 2006 年版。
[53] [美]罗斯科·庞德:《普通法的精神》,唐前宏、廖湘文、高雪原译,法律出版社 2001 年版。
[54]《马克思恩格斯选集》(第 3 卷),人民出版社 1976 年版。
[55] 麦迪逊:《辩论:美国制宪会议记录》(上),尹宣译,辽宁教育出版社 2003 年版。
[56] [英]梅因:《古代法》,沈景一译,商务印书馆 1959 年版。

[57] [英]米尔恩:《人的权利与人的多样性——人权哲学》,夏勇等译,中国大百科全书出版社 1995 年版。
[58] [美]诺内特、塞尔兹尼克:《转变中的法律与社会》,张志铭译,中国政法大学 1994 年版。
[59] [法]帕斯卡尔:《思想录》,何兆武译,商务印书馆 1986 年版。
[60] 彭泽益:《中国工商行会史料集》,中华书局 1995 年版。
[61] 钱承旦、许洁明:《英国通史》,上海社会科学院出版社 2012 年版。
[62] 强世功:《法律的现代性剧场》,法律出版社 2006 年版。
[63] [德]施里特:《习俗与经济》,秦海、杨煜东、张晓译,长春出版社 2005 年版。
[64] 孙正聿:《哲学通论》,复旦大学出版社 2007 年版。
[65] [英]汤普森:《共有的习惯》,沈汉等译,上海人民出版社 2002 年版。
[66] [德]滕尼斯:《共同体与社会:纯粹社会学的基本概念》,林荣远译,北京大学出版社 2010 年版。
[67] [法]托克维尔:《旧制度与大革命》,冯棠译,商务印书馆 1992 年版。
[68] [美]托马斯·库恩:《科学结构的革命》,金吾伦、胡新和译,北京大学出版社 2012 年版。
[69] 王伯琦:《近代法律思潮与中国固有文化》,清华大学出版社 2005 年版。
[70] 王铭铭、王斯福:《乡土社会的秩序、公正与权威》,中国政法大学出版社 1997 年版。
[71] 王希:《原则与妥协——美国宪法的精神与实践》,北京大学出版社 2000 年版。
[72] 王新生:《习惯性规范研究》,中国政法大学出版社 2010 年版。
[73] [德]韦伯:《论经济与社会中的法律》,张乃根译,中国大百科全书出版社 1998 年版。
[74] [德]韦伯:《社会学的基本概念》,胡景北译,上海人民出版社 2005 年版。
[75] [德]韦伯:《新教伦理与资本主义精神》,简惠美、康乐译,广西师范大学出版社 2010 年版。
[76] 魏治勋:《禁止性法律规范的概念》,山东人民出版社 2008 年版。
[77] 魏治勋:《民间法思维》,中国政法大学出版社 2010 年版。

[78] [德]文德尔班:《哲学史教程》,罗达仁译,商务印书馆 1997 年版。
[79] 乌炳安:《民俗学原理》,辽宁教育出版社 2001 年版。
[80] 夏勇:《人权概念的起源》,中国政法大学出版社 1992 年版。
[81] 谢晖:《大、小传统的沟通理性》,中国政法大学出版社 2011 年版。
[82] 谢晖:《法的思辨与实证》,法律出版社 2001 年版。
[83] 谢晖:《法律信仰的理念与基础》,山东人民出版社 1997 年版。
[84] 谢晖:《法律意义的追问——诠释学视野中的法哲学》,商务印书馆 2004 年版。
[85] 谢晖:《法哲学讲演录》,广西师范大学出版社 2007 年版。
[86] 谢晖:《法学范畴的矛盾辩思》,山东人民出版社 1999 年版。
[87] 谢晖:《法治讲演录》,广西师大出版社 2005 年版。
[88] 谢晖:《价值重建与规范选择——中国法制现代化沉思》,山东人民出版社 1998 年版。
[89] 谢晖:《民间法的视野》,法律出版社 2016 年版。
[90] [英]休·西塞尔:《保守主义》,杜汝辑译,商务印书馆 1986 年版。
[91] 徐晓光:《款约法——黔东南侗族习惯法的历史人类学考察》,厦门大学出版社 2012 年版。
[92] 徐晓光:《原生的法——黔东南苗族侗族地区的法人类学调查》,中国政法大学出版社 2010 年版。
[93] 严存生:《法的一体与多元》,商务印书馆 2008 年版。
[94] 游国龙:《许烺光的大规模文明社会比较理论研究》,社会科学文献出版社 2013 年版。
[95] 于语和:《民间法》,复旦大学出版社 2008 年版。
[96] 张洪涛:《法律的嵌入性》,东南大学出版社 2016 年版。
[97] 张洪涛:《国家主义抑或人本主义——转型中国法律运行研究》,人民出版社 2008 年版。
[98] 张洪涛:《使法治运转起来——大历史视野中的制度命运研究》,法律出版社 2010 年版。

中文期刊类

[1] 曹正汉、史晋川:《中国民间社会的理:对地方政府的非正式约束——一

个法与理冲突的案例及其一般意义》,载《社会学研究》2008 年第 3 期。
[2] 陈斌:《民间法的话语反思及其功能拓展》,载《福建行政学院学报》2015 年第 4 期。
[3] 陈大林、张艺璐、张伟强:《乡村葬礼中非正式规则的变迁及内在逻辑——以皖南地区为考察对象》,载《民间法》(第 13 卷)2014 年第 1 期。
[4] 陈国权、曹伟:《人情悖论:人情社会对经济转型的推动与钳制——基于温州模式的历史考察》,载《国家行政学院学报》2013 年第 1 期。
[5] 陈韩非:《“律”义探源》,载《现代法学》2013 年第 3 期。
[6] 陈寒非:《从一元到多元:乡土精英的身份变迁和习惯法的成长》,载《甘肃政法学院学报》2014 年第 3 期。
[7] 陈景辉:《什么是“内在观点”?》,载《法制与社会发展》2007 年第 5 期。
[8] 陈荣文:《台湾地区合会法制变迁探析》,载《台湾研究集刊》2005 年第 2 期。
[9] 陈文华:《论民间规则的效力》,载《甘肃政法学院学报》2010 年第 1 期。
[10] 陈文华:《民间习惯对刑事司法事实的救济》,载《民间法》2016 年第 1 期。
[11] 范愉:《试论民间社会规范与国家的统一适用》,载《民间法》2002 年第 1 期。
[12] 高鸿:《中国“民间法”的他国境遇——从〈吃一碗茶〉看唐人街的法律文化》,载《中国比较文学》2011 年第 2 期。
[13] 高鸿钧:《走向交往理性的政治哲学和法学理论(上)——哈贝马斯的民主法治思想及对中国的借鉴意义》,载《政法论坛》2008 年第 5 期。
[14] 高长江:《民间信仰:和谐社会的文化资本》,载《世界宗教研究》2010 年第 3 期。
[15] 郭道晖:《法治国家与法治社会、公民社会》,载《政法论丛》2007 年第 5 期。
[16] 韩富祥:《回族习惯法中的“则卡提”制度及其对我国立法的可能贡献》,载《民间法》(第 16 卷)2015 年第 1 期。
[17] 韩升:《中国的现代性启蒙:在传统伦理与市民社会之间》,载《伦理学研究》2007 年第 1 期。

[18] 何志鹏:《非自然权利论》,载《法制与社会发展》2005 年第 3 期。
[19] 胡国梁:《积极守法:一个被忽视的法治维度》,载《中南大学学报》(哲学社科版)2015 年第 1 期。
[20] 胡玉鸿:《法律主体概念及其特性》,载《法学研究》2008 年第 3 期。
[21] 黄金兰:《民间规则的认同模式及其意义》,载《山东大学学报》(哲学社会科学版)2007 年第 3 期。
[22] 黄晓星:《社区运动的"社区性"——对现行社区运动理论的回应与补充》,载《社会学研究》2011 年第 1 期。
[23] 黄学贤、黄睿嘉:《软法研究现状问题趋势》,载《公法研究》2012 年第 1 期。
[24] 贾焕银:《民间规范司法运用未完全理论化协议属性分析》,载《求是学刊》2015 年第 6 期。
[25] 江必新、王红霞:《法治社会论纲》,载《中国社会科学》2014 年第 1 期。
[26] 姜世波:《网络习惯法:网络社会自治的法律规则体系》,载《民间法》(第 13 卷)2014 年第 1 期。
[27] 金玄武:《典权制度历史源流与现实价值——与韩国传贯权制度为比较考察对象》,载《民间法》(第 15 卷)2015 年第 1 期。
[28] 李步云:《论人权的本原》,载《政法论坛》2004 年第 2 期。
[29] 李杰:《论民间法在社会治理中的作用及其介入方式》,载《甘肃政法学院学报》2015 年第 1 期。
[30] 李杰:《论民事立法对民事习惯的复杂禁止》,载《法学论坛》2017 年第 4 期。
[31] 李猛:《论抽象社会》,载《社会学研究》1999 年第 1 期。
[32] 李学兰:《信任与秩序》,载《山东大学学报》(哲学社会科学版)2008 年第 4 期。
[33] 李瑜青、张玲:《民间法在国际大都市社会治理中的运用及其思考——以上海市浦东新区合庆镇"草根宪法"实践为例》,载《民间法》(第 17 卷)2016 年第 1 期。
[34] 栗峥:《乡土纠纷解决的路径选择与正义表达》,载《中外法学》2010 年第 2 期。
[35] 梁国伟、王芳:《蕴藏在网络动漫表情符号中的人类诗性思维》,载《新

闻界》2009 年第 5 期。
[36] 林来梵、翟国强:《有关社会科学方法论的反思——来自法学立场的发言》,载《浙江社会科学》2006 年第 5 期。
[37] 刘祥超:《远去的传统与理性的法律——“文明转型”的法哲学解读》,载《民间法》2014 年第 1 期。
[38] 刘作翔:《具体的民间法》,载《浙江社会科学》2003 年第 4 期。
[39] 罗豪才、宋功德:《认真对待软法》,载《中国法学》2006 年第 2 期。
[40] 罗莉:《作为社会规范的技术与法律的协调》,载《中国社会科学》2006 年第 1 期。
[41] 吕廷君:《论民间法的社会权力基础》,载《求是学刊》2005 年第 5 期。
[42] 吕廷君:《民间司法的情、理、法》,载《民间法》(第 12 卷)2013 年第 1 期。
[43] 吕廷君:《社会自治的民间法资源》,载《甘肃政法学院学报》2006 年第 2 期。
[44] 强昌文:《公共性:理解软法之关键》,载《法学》2016 年第 1 期。
[45] 邱会东:《农村房屋买卖习惯在民间的境遇——来自青岛市郊区某村庄的调查报告》,载《民间法》(第 16 卷)2015 年第 2 期。
[46] 尚海明:《善终、凶死与杀人偿命》,载《法学研究》2016 年第 4 期。
[47] 沈岿:《监控者与管理者可否合一:行政法学体系转型的基础问题》,载《中国法学》2016 年第 1 期。
[48] 沈寨:《从“权威治理”转向“规则治理”——对乡贤治理的思考》,载《民间法》(第 17 卷)2016 年第 1 期。
[49] 石德生:《米歇尔·福柯的谱系学及其渊源与理路》,载《青海师范大学学报》(哲学社会科学版)2011 年第 4 期。
[50] 苏力:《较真“差序格局”》,载《北京大学学报》(哲学社会科学版)2017 年第 1 期。
[51] 苏永钦:《私法自制中的国家强制——从功能法的角度看民事规范的类型与立法释法方向》,载《中外法学》2001 年第 1 期。
[52] 王彬:《民间法如何走进司法判决——兼论“顶盆继承案”中的法律方法》,载《民间法》(第 7 卷)2008 年第 1 期。
[53] 王俊娥:《论农村调解过程中的力量博弈》,载《甘肃政法学院学报》

2014 年第 3 期。
[54] 王林敏:《藏区赔命价习惯法与国家刑事法制的冲突与消解》,载《甘肃政法学院学报》2014 年第 6 期。
[55] 王伦光:《论价值与情感》,载《哲学研究》2009 年第 8 期。
[56] 王少杰:《企业文化演化路径及对绩效影响的实地研究——基于工商人类学视角的分析》,载《山西财经大学学报》2015 年第 7 期。
[57] 王文:《为民间法辩护》,载付子堂主编:《社会中的法理》,法律出版社 2013 年版。
[58] 王智:《价值与价值实现》,载《西南民族大学学报》(人文社会科学版) 2005 年第 12 期。
[59] 韦虹:《卢梭的"梦思"与自然——兼与中国文学比较》,载《国外文学》2001 年第 2 期。
[60] 魏清沂:《软法:形式软法与实质软法》,载《广西大学学报》2012 年第 6 期。
[61] 魏小强:《法律多元视域中的都市习惯法——规范领域、规范类型与规范功能》,载《民间法》2016 年第 1 期。
[62] 魏治勋:《"规范分析"概念的分析》,载《法学论坛》2008 年第 5 期。
[63] 谢晖:《从制度修辞视角看法律信仰》,载《北方法学》2016 年第 6 期。
[64] 谢晖:《当代中国的乡民社会、乡规民约及其遭遇》,载《东岳论丛》2004 年第 4 期。
[65] 谢晖:《法律的模糊/局限性与制度修辞》,载《法律科学》2017 年第 2 期。
[66] 谢晖:《法治预设与设问修辞——制度修辞研究之三》,载《文史哲》2014 年第 2 期。
[67] 谢晖:《规范之为诠释学法学的对象》,载《广西师范大学学报》2003 年第 2 期。
[68] 谢晖:《论对话的法律全球化》,载《政法论坛》2013 年第 4 期。
[69] 谢晖:《论法律价值与制度修辞》,载《河南大学学报》2017 年第 1 期。
[70] 谢晖:《论法律拟制、法律虚拟与制度修辞》,载《现代法学》2016 年第 5 期。
[71] 谢晖:《论法律信仰与制度修辞》,载《中国政法大学学报》2017 年第

1 期。
[72] 谢晖:《论法律制度的修辞之维》,载《政法论坛》2012 年第 5 期。
[73] 谢晖:《论规范分析的三种实证方法》,载《江海学刊》2008 年第 5 期。
[74] 谢晖:《诗性、修辞与法律价值预设》,载《现代法学》2012 年第 5 期。
[75] 谢晖:《心理体验与法律价值的整合》,载《宁夏大学学报》(社会科学版)1997 年第 1 期。
[76] 谢晖:《中国法学的路向与民间规范》,载《学习与探索》2006 年第 4 期。
[77] 谢晖:《主体中国、民间法与法治》,载《东岳论丛》2011 年第 8 期。
[78] 徐阳春:《"的"字隐现的制约因素》,载《修辞学习》2003 年第 2 期。
[79] 许娟:《傈僳族社会变迁中的非正式惩罚——以腊村为例》,载《原生态民族文化学刊》2015 年第 4 期。
[80] 许章润:《汉语法学论纲》,载《清华大学学报》(社会科学版)2015 年第 5 期。
[81] 薛勇民:《伦理视域下的晋商精神》,载《山西大学学报》(哲学社会科学版)2009 年第 6 期。
[82] 燕宝:《贾理春秋——读"苗族理词"》,载《黔东南社会科学》2003 年第 4 期。
[83] 杨立新:《网络交易规则研究》,载《甘肃社会科学》2016 年第 4 期。
[84] 叶传星:《人权概念的理论分歧解析》,载《法学家》2005 年第 6 期。
[85] 衣家奇:《赔命价——一种规则的民族表达方式》,载《甘肃政法学院学报》2006 年第 5 期。
[86] 余地:《论"诗性崇拜"对习惯法形成及运行的推动力》,载《民间法》(第 13 卷)2014 年第 1 期。
[87] 余地:《论民间法的象征意义》,载《民间法》(第 18 卷)2017 年第 1 期。
[88] 喻中:《法律与空间》,载《山东警察学院学报》2009 年第 3 期。
[89] 喻中:《乡村丧礼的逻辑:一个法人类学的考察》,载《比较法研究》2011 年第 4 期。
[90] 喻中:《再论法治的价值》,载《山东警察学院学报》2008 年第 6 期。
[91] 袁祖社:《公共性社会的实践——生存之境与合理价值体验的发生》,载《吉林大学社会科学学报》2010 年第 2 期。

[92] 岳中奇:《"的"的有无与名词性偏正结构的语义差异》,载《河南大学学报》(社会科学版)2002 年第 2 期。
[93] 翟学伟:《人情、面子与权力的再生产——情理社会中的社会交换方式》,载《社会学研究》2004 年第 5 期。
[94] 张洪涛:《法律必须认真对待习惯——论习惯的精神及其法律意义》,载《现代法学》2011 年第 2 期。
[95] 张静:《乡规民约体现的村庄治权》,载《北大法律评论》1999 年第 1 期。
[96] 张乃根:《试析罗马法学家的法哲学》,载《复旦学报》1996 年第 4 期。
[97] 张文香:《习惯法观念考察——基于鄂尔多斯地区的实证分析》,载《国家行政学院学报》2014 年第 3 期。
[98] 张永和:《"灋"义探源》,载《法学研究》2005 年第 3 期。
[99] 赵树坤、李杰:《社区民间组织的功能、价值和前景》,载《民间法》(第 13 卷)2014 年第 1 期。
[100] 周子良:《论山西票号的习惯法体系》,载《山西大学学报》2011 年第 2 期。
[101] 庄雅仲:《五饼二鱼:社区运动与都市生活》,载《社会学研究》2005 年第 2 期。
[102] 卓泽渊:《论法治国家》,载《现代法学》2002 年第 5 期。

学位论文类

[1] 孙振民:《古罗共和国的法治建设》,曲阜师范大学 2005 年博士学位论文。
[2] 卫东海:《明清晋商精神的宗教伦理底蕴——兼析韦伯论新教伦理的经济意义》,中国人民大学 2008 年博士学位论文。
[3] 徐阳春:《关于虚词"的"及其相关问题研究》,复旦大学 2003 年博士学位论文。
[4] 杨震:《法价值哲学导论》,黑龙江大学 2000 年博士学位论文。
[5] 杨红军:《非正式制度与企业文化研究》,吉林大学 2004 年博士学位论文。
[6] 伊涛:《权利话语的中国语境及其儒学背景》,吉林大学 2014 年博士学

位论文。
[7] 张晓萍:《论民间法的司法运用》,山东大学 2010 年博士学位论文。
[8] 周赟:《应当的法哲学分析》,山东大学 2006 年博士学位论文。
[9] 朱晓东:《实践价值论与价值哲学的变革》,吉林大学 2009 年博士学位论文。
[10] 周文华:《法的正义价值及其实现》,中国社会科学院 2003 年博士学位论文。
[11] 卓泽渊:《法的价值总论》,中国社会科学院 1999 年博士学位论文。

外文类

[1] Edward Gibbon, *The History of the Decline and Fall of the Roman Empire*, Penguin UK, 2014.
[2] Emile Durkheim, *The Division of Labour in Society*, Trans. by W. D. Halls, Macmillian, 1984.
[3] Grant Gilmore, "Legal Realism: Its Cause and Cure", *YaleL. J.* 70, 1960.
[4] Harold J. Berman, *Law and Revolution: The Formation of the Western Legal Tradition*, Harvard University Press, 1990 (Reprint).
[5] J . L . Austin, *How to Do Things with Words*, Harvard University Press.
[6] Michael J. Sandel, Justice, *What's the Right Thing to Do?* Macmillan US, 2010.
[7] Robert D. Putnam, Bowling Alone, *The Collapse and Revival of American Community*, Touchstone Books by Simon & Schuster, 2001.
[8] Ronald Dworkin, *A Matter of Principle*, Harvard University Press, 1985.
[9] Ronald Dworkin, *Law's Empire*, Belknap Press of Harvard University, 1986.
[10] Roscue Pound, *The Spirit of the Common Law*, Marshall Jones Company, 1921.
[11] Ronald Dworkin, *Taking Rights Seriously*, Duckworth, 1977.

致　谢

本书是在我博士论文的基础上修改完成的。感谢我的博士生导师谢晖教授。在谢老师的提携下，我得以有机会进入中南大学攻读博士学位。在攻博期间，谢老师不仅在读书、写作上给予我指导，而且给了我很多参加会议、开阔眼界的机会，尤其是结识了师门中诸位师兄、师姐、师弟、师妹，让我切身感受到了学术共同体的力量。更为重要的是，在谢老师的指导和支持下，我对民间规范的研究不断深入，我撰写的论文得以在他主持的专栏、主编的刊物中顺利刊发，这对于一个博士研究生来说是极为宝贵的，感谢导师。

感谢我的学术启蒙导师，我的硕士生导师西南政法大学赵树坤教授，在赵老师的带领下学习法社会学经典著作，尤其是对涂尔干《社会分工论》一书的研读，涂尔干法社会学思想中对行业自治规范的强调让我认识到了民间规范的重要意义，逐渐对民间规范产生了兴趣。在赵老师带领下，我们用了整整一年的时间读完一本著作，赵老师每周准时参加，而且还要仔细给我们答疑解惑。这种对学术研究的严谨求真的精神，对学生培养的耐心关爱，是鼓励我一直前行的动力。

感谢西南政法大学人权研究院院长张永和教授，我真正对民间规范展开研究是在张永和教授主持的课题中，其中涉及了社区民间规范问题，也是基于这个课题的资助，我有机会参与社会调研，撰写调研报告，最终调研报告成为一本书籍在法律出版社出版。张老师还专门请一位师兄给我邮寄了一本，看到自己的名字在一本书籍中以作者的身份出现，让我欣喜万分，也让我对张老师的关爱感动万分。

感谢中南大学法学院陈云良教授。在我攻博期间，陈院长在学习上给予我很多指导，陈院长是中国卫生法学会学术委员会主任，在他的指导下，我对医疗卫生法治领域的问题也有所涉猎，其中一篇论文在陈院长的积极帮助下发表在了《法学杂志》的“青年法苑”栏目中，在文后的“点评”中陈院长对我的殷殷期待让我备感压力，也倍感动力。陈院长在生活上给我很多关心，尤其是在毕业后工作去向问题上，陈院长专门告诉我：“你胃不好，去广州，暖和些对胃有好处”，作为学院的领导对一个普通学生如此关切，怎能不令人动容。

感谢广东外语外贸大学石佑启校长。在石校长的支持下，我获得了进入广外工作的机会。石校长是一个平易近人的人，作为一校之长，能够与我针对论文中的种种问题进行讨论，最让我难以忘记的是，他对我论文中存在的标点符号错误都详细标示出来，让我汗颜的同时也感到石校长严谨的学术精神和提携后辈的人格魅力。同时，这本书也是在石校长主持的国家社科基金重大项目“民间规范与地方立法研究”（批准号：16ZDA069）的资助下得以在法律出版社出版。

感谢父母，我父亲经常对我说：“不要怕挫折、怕困难，遇到挫折和困难时要有耐心，多给自己一点时间。”这句话让我遇到问题时能够安静下来，寻找解决问题的方法。也是这句话让我能够勇敢前行，跨越千里，从山西到重庆，再到长沙，最后来到广州。

师兄彭中礼教授在本书的写作过程中给予了我很多帮助，师弟武暾、李义辉在本书的写作过程中与我针对一些问题展开讨论，法律出版社郑怡萍编辑在本书的出版方面付出了辛勤劳动，在此表示感谢。

李　杰

2019 年 5 月 8 日于广东外语外贸大学白云山校区

图书在版编目(CIP)数据

民间规范价值论 / 李杰著. -- 北京 : 法律出版社,
2019

ISBN 978 - 7 - 5197 - 4088 - 7

Ⅰ. ①民… Ⅱ. ①李… Ⅲ. ①习惯法－价值论－研究
Ⅳ. ①D90

中国版本图书馆 CIP 数据核字(2019)第 248651 号

民间规范价值论
MINJIAN GUIFAN JIAZHILUN

李 杰 著

责任编辑 郑怡萍
装帧设计 李 瞻

出版 法律出版社
总发行 中国法律图书有限公司
经销 新华书店
印刷 北京建宏印刷有限公司
责任校对 郭艳萍
责任印制 沙 磊

编辑统筹 法律教育出版分社
开本 A5
印张 6.625
字数 180 千
版本 2019 年 11 月第 1 版
印次 2019 年 11 月第 1 次印刷

法律出版社/北京市丰台区莲花池西里 7 号(100073)
网址/www. lawpress. com. cn
投稿邮箱/info@ lawpress. com. cn
举报维权邮箱/jbwq@ lawpress. com. cn
销售热线/400 - 660 - 8393
咨询电话/010 - 63939796

中国法律图书有限公司/北京市丰台区莲花池西里 7 号(100073)
全国各地中法图分、子公司销售电话:
统一销售客服/400 - 660 - 8393/6393
第一法律书店/010 - 83938432/8433 西安分公司/029 - 85330678 重庆分公司/023 - 67453036
上海分公司/021 - 62071639/1636 深圳分公司/0755 - 83072995

书号:ISBN 978 - 7 - 5197 - 4088 - 7 **定价**:28.00 元